U0670196

国家自然科学基金资助项目"电商平台中顾客晒单效应研究：刺激因素与作用机理"（项目编号：71862011）

电商平台中
顾客晒单效应研究

On the Effect of
Customer Presenting Product in
E-commerce Platform

李永诚　著

中国社会科学出版社

图书在版编目（CIP）数据

电商平台中顾客晒单效应研究/李永诚著 . —北京：中国
社会科学出版社，2022.12
ISBN 978 - 7 - 5227 - 1063 - 1

Ⅰ.①电… Ⅱ.①李… Ⅲ.①电子商务—经营管理—研究
Ⅳ.①F713.365.1

中国版本图书馆 CIP 数据核字（2022）第 224594 号

出 版 人	赵剑英	
责任编辑	张玉霞　刘晓红	
责任校对	周晓东	
责任印制	戴　宽	

出　　版	中国社会科学出版社	
社　　址	北京鼓楼西大街甲 158 号	
邮　　编	100720	
网　　址	http：//www.csspw.cn	
发 行 部	010 - 84083685	
门 市 部	010 - 84029450	
经　　销	新华书店及其他书店	

印　　刷	北京君升印刷有限公司	
装　　订	廊坊市广阳区广增装订厂	
版　　次	2022 年 12 月第 1 版	
印　　次	2022 年 12 月第 1 次印刷	

开　　本	710×1000　1/16	
印　　张	14.75	
插　　页	2	
字　　数	221 千字	
定　　价	79.00 元	

凡购买中国社会科学出版社图书，如有质量问题请与本社营销中心联系调换
电话：010 - 84083683
版权所有　侵权必究

前　言

　　网络科技对电商平台和社会化商务产生了深刻影响。互联网新应用不断涌现并被广泛使用，它允许人们自主发布各种与产品有关的信息，已经成为商家与消费者、消费者与消费者之间沟通的重要工具。消费者越来越通过其他顾客的在线产品呈现（顾客"晒单"，下文同）来了解自己不熟悉的品牌和产品，从而形成购买意愿。那么，顾客"晒单"会呈现哪些刺激因素？什么样的顾客、以什么样的方式进行产品呈现会让潜在顾客产生更强烈的购买意愿？商家应如何科学引导"晒单"行为从而提升营销绩效？为系统回答这些问题，本书探究顾客在线产品呈现对潜在顾客购买意愿的影响和作用机理，从而为顾客晒单这一消费行为和营销现象提供理论解释，也为企业管理及社会化商务实践提供可操作性的对策建议。

　　本书按照先探索性研究后实证检验的思路，围绕"现实顾客呈现的刺激→潜在顾客心理→潜在顾客行为反应"的路径来进行理论推演、假设提出和模型构建。首先，通过访谈法和二手数据法探索顾客在线产品呈现的分类与作用，在文献研究的基础上提出产品呈现和顾客身份呈现的不同类别，以此作为刺激变量。其次，为了洞察这些刺激因素对潜在顾客购买意愿的影响和作用机理，本书以社会临场感理论和社会认同理论为指导，按照"产品呈现→产品临场感→购买意愿"和"身份呈现→自我—品牌联结→购买意愿"的逻辑来进行理论演绎和假设提出，其中包括产品复杂性和产品知识的调节作用以及产品临场感和自我—品牌联结的交互作用。再次，通过实验法和调查问卷收集数据，对研究假设和模型进行实证检验，得出结论。最后，根据研究结论提炼本书的理论贡献和管理启示。

　　本书共有九章，分别为绪论、文献综述、相关理论基础、研究模型和假设提出、晒单类型和作用的探索性研究、产品呈现效应及作用机制、身份呈现效应及作用机制、身份呈现与产品呈现的协同作用、总结与启示。第一章是绪论，包括研究问题的提出和选题的动因，研究意义和创新之处，研究思路、研究框架及方法。第二章是文献综述，围绕在线产品呈现效应和身份呈现效应进行文献梳理和评述，找到本书的理论缺口，确定研究的方向和主题。第三章是相关理论基础，主要根据研究目标阐述相关支撑理论，包括刺激—有机体—反应模型、社会认同理论和媒介丰富度理论等。同时，第二章文献综述中梳理的社会临场感，也是本书的一个重要指导理论。第四章为研究模型和假设提出，主要是提出本书的理论模型，并对模型中的变量进行界定，然后结合相关文献和理论基础进行假设发展。第五章为晒单类型与作用的探索性研究，主要是对晒单的分类和发挥的作用进行质性研究，由两项研究构成。研究一是探索性研究，主要运用焦点小组访谈法、深度访谈法探讨顾客晒单的类型及其作用机制，并对问卷和量表进行预测试。研究二主要利用在线购物平台中的二手数据探索顾客晒图对消费者感知有用性的影响。第六章为产品呈现效应及作用机制，也由两项实验研究构成。研究三主要研究产品呈现的主效应和中介作用。研究四是研究产品复杂性在产品临场感对潜在顾客购买意愿影响中的调节作用。第七章为身份呈现效应及作用机制，也由两项实验研究构成。研究五主要研究身份呈现的主效应和中介作用。研究六是研究产品知识在自我—品牌联结对潜在顾客购买意愿影响中的调节作用。第八章为身份呈现和产品呈现的协同作用，其中，研究七运用实验法分析产品临场感和自我—品牌联结的交互效应。在总结晒单的总体效应和作用边界的基础上，提出并阐述晒单类型—产品类型匹配模型，为电商制定晒单管理策略提供依据。第九章为总结与启示，主要是根据研究结果，对本书的研究结论进行总结、提炼和概括，阐明本书的理论贡献和管理启示，并说明本书的研究局限和未来研究方向。

　　本书的创新之处主要体现在以下四个方面。

首先，提出并检验了顾客在线产品呈现对潜在顾客购买意愿影响的理论模型。现有在线产品呈现研究主要是指企业或商家进行的产品展示，而以顾客为主体的产品呈现研究很少。本书把顾客作为产品呈现的主体，提出了顾客在线产品呈现效应的理论模型并进行验证，开辟了在线产品呈现研究新的方向和领域。

其次，从文本内容的角度提出了临场感的影响前因和后向效应。在临场感影响前因中，现有研究主要根据文本格式的不同，如文字、图片、视频、音频等来分类并比较影响的大小。本书根据文本内容的差别，创新性地提出了单纯产品呈现、消费场景呈现和顾客在场呈现三种产品呈现方式，这种分类既切合顾客呈现实际，又具有很强的可操作性。本书通过产品呈现方式对购买意愿影响机理的探讨，拓展了临场感的前置变量和后向效应研究，丰富了社会临场感理论，促进了社会临场感理论在电商环境中的研究和应用。

再次，丰富了顾客身份呈现效应和自我—品牌联结形成来源的研究成果。现有关于身份模糊性对潜在顾客购买意愿影响的研究，还存在意见相左的争论，而国内对顾客身份相似性的研究也极其少见。本书在网络购物环境中分析比较了三种不同顾客身份的影响，丰富了顾客身份相似性后向效应和自我—品牌联结形成来源的研究成果，也为现有的争论性研究提供了新的证据。

最后，揭示了在线购物环境中消费者如何将产品的功能性需求和象征性需求相结合的心理路径。本书把呈现的产品与呈现者的身份相结合，通过考察产品临场感和自我—品牌联结的交互效应，揭示了在线购物环境中消费者将产品的功能性需求和象征性需求相结合的心理路径，即一方面通过他人的产品呈现来认识产品的功能特性和使用情景，另一方面通过他人的身份呈现来甄别所购产品是否与自我概念和身份相符。

目　录

第一章

绪　论

　　互联网正日益融入人们的生活，它允许人们自主发布各种与产品有关的信息，已成为顾客与商家、顾客与顾客沟通的重要工具。消费者越来越通过其他顾客的"晒单"来了解自己不熟悉的品牌和产品，从而形成购买意愿。那么，什么样的顾客、以什么样的方式进行产品呈现会让潜在顾客产生更强烈的购买意愿？本书的研究目的就是要探讨顾客在线产品呈现对潜在顾客购买意愿的影响和作用机理，从而为顾客晒单这一消费行为和营销现象提供理论解释，也为企业管理实践提供可操作化的对策建议。本书按照先探索性研究后实证研究的思路，进行理论推理、假设提出和实证分析。首先，通过焦点小组、深度访谈和二手数据法对顾客晒单的分类、效应和有用性进行探索性研究，并提出产品呈现和身份呈现的类别。其次，以社会临场感理论和社会认同理论为主要指导理论，运用实验法和问卷调查法探究产品呈现和身份呈现效应及其作用机制，包括产品呈现和身份呈现的协同作用。最后，得出研究的理论贡献和管理借鉴。本章主要对研究背景、研究意义、研究框架和研究思路进行说明，具体包括以下内容：①问题的提出和研究意义；②研究思路、框架和研究方法。

1

第一节　问题的提出和研究意义

一　问题的提出

随着信息技术的发展，人们越来越借助互联网与家人、朋友、同事交流，也借此形成新的社会关系（Madden, et al., 2006）。互联网及社会化媒体允许用户生成内容，消费者日益通过他人的呈现来了解自己不熟悉的产品，从而形成购买意愿。在一项常见的网络活动参与度调研中发现，"在线购物"占72%，"上传图片与别人分享"占46%，"评价产品或服务"占32%，"针对购买过的产品或使用过的服务发表评论"占32%（特蕾西·塔腾等，2014）。由于这种消费行为的变化，企业自然表现出对新媒体的热衷。世界500强对社会化媒体的使用在2012年就出现飙升（Okazaki, et al., 2013），截至2011年，大约有83%的企业已经在使用某种形式的社会化媒体与消费者进行联系（Hameed, 2011）。传统互联网与社会化媒体创新融合是一种长期趋势，企业或商家运用新媒体开展营销沟通将是一种常态。

很多电商平台（如淘宝、京东）以及微信、抖音、微博等社会化媒体都赋予了消费者晒图功能，而且功能越来越强大。广大消费者则常常在这些社会化媒体中发布他们使用产品的各种图片和信息，并有可能得到商家的晒单奖励。比如，2021年京东开展"晒产品美图、赢免单或红包"活动，一汽大众也在其官方微博中，开设"车生活"栏目，开展"寻找你眼中的与'众'不同，下次相遇有礼物哦"活动，鼓励用户把生活中用车的恰当图片发布到微博中，收获了很多评论和点赞。类似的用户行为非常普遍，在这些晒图里，除了产品之外，有的含有产品消费或使用时的场景，有的含有顾客本人或其身体的一部分，这样的呈现可以给其他潜在顾客提供一种全新的产品体验。

可见，顾客晒单已经成为一种普遍的消费行为和企业营销现象，学界亟须对这种现象及其作用机制给予关注。本书中的"晒单"是指顾客将某次购物的体验、评价与内容，以文字和图片等形式发表出来，与他人共享。有些网站称为"开箱晒单"（unboxing），将其解释为"打开新购买物品的外包装，检查其特性，并拍照或拍成视频分享到社交媒体网站的行为"①。本书用"顾客在线产品呈现"这个概念来对"晒单"进行书面表达（下文同）。那么这种日益普遍的"晒单"行为是如何影响潜在顾客购买意愿的？什么样的顾客、以什么样的方式呈现产品会引发潜在顾客更强烈的购买意愿？作为一种新的营销策略，企业或商家应该如何管理和引导这种顾客行为，从而科学合理地开展营销管理？这些问题值得深入研究。

二 研究动因

以前由管理者牢牢控制的品牌，现在越来越由消费者来塑造。以前，消费者只能从企业的各种广告渠道来查看产品外观、功能等特性，只能基于广告或代言人的身份来猜测产品使用者的身份。但新型互联网技术，尤其是微博、微信、QQ 等自媒体，允许用户自主发布各种与产品有关的图片和文字信息，潜在消费者通过浏览这些信息就可以真实地了解产品信息，并洞察其他顾客的身份。层出不穷的互联网新应用、新技术催生着新的商业模式，快速发展的营销实践需要理论的指导和解释。因此，本书研究"顾客在线产品呈现对潜在顾客购买意愿的影响"，具体来说有如下动因。

第一，顾客在线产品呈现是企业或品牌可资利用的一种营销资源。它无论是作为消费者的一种个人行为，还是企业的一种营销策略，我们都应该对这种现象及其作用机制给予关注。通过对相关文献的回顾整理，我们发现顾客在线产品呈现还是一个崭新的研究领域，相关研究还不多。

第二，社会临场感是一种理论，同时也是一个变量。它作为一种理论已得到广泛接受和应用，但作为一个变量，其影响前因和后向效应的研究还有待进一步丰富和完善。特别值得说明的是，随着互联网

---

① Helen：《社交新潮流：开箱晒单》，中国日报网，http：//language. chinadaily. com. cn/2016 - 05/04/content_ 25044946. htm，2016 - 05 - 04/2020 - 05 - 20。

的应用和数字技术的发展，社会临场感理论已经得到了国外学者的广泛重视和大量研究。但它在国内的研究，特别是在商业领域的研究还很单薄，未得到应有的关注。本书把社会临场感作为一个重要研究视角，希望有助于丰富相关研究，有利于促进学界对该理论的重视。

第三，顾客间关系是一个重要的研究领域，在互联网和社会化媒体环境中，其他顾客的影响尤为突出。一方面，现有关于顾客身份相似性效应的研究还有意见相左的争论；另一方面，顾客身份相似性效应的研究需要与产品因素结合起来讨论。因为消费者在购买特定的品牌产品时，很可能既有功能性需求，即需要了解产品的质量、特色及使用体验，也具有象征性需求，即需要关注该品牌的其他消费者身份是否与自己相符。这些都说明现有关于顾客身份相似性效应的研究还存在不足。本书在网购环境中，把产品呈现和顾客身份结合起来，研究产品临场感和自我—品牌联结的调节效应，从而弥补相关研究的不足。

三　研究意义

随着互联网新技术和社会化媒体的广泛运用，消费者日益通过其他顾客的呈现来了解自己不熟悉的品牌，从而形成购买意愿。因此，研究顾客在线产品呈现对潜在顾客购买意愿的影响具有重要理论和现实意义。

（一）理论意义

第一，本书探究在线产品呈现方式对潜在顾客购买意愿的影响机理，拓展了临场感的前置变量研究，丰富了社会临场感理论。顾客在线产品呈现是一个新的研究内容，本书从顾客感知的角度，提出了顾客在线产品呈现的不同方式，进而从临场感视角研究了其对潜在顾客购买意愿的影响。

第二，本书研究其他顾客身份的相似性对潜在顾客购买意愿的影响机理，丰富了自我—品牌联结和身份相似性效应的相关研究成果。现实顾客能够影响潜在顾客，本书以顾客身份感知的相似性为前置变量，从自我—品牌联结视角研究了其对潜在顾客购买意愿的影响机理。

第三，本书揭示了在线购物环境中消费者如何将产品的功能性需求和象征性需求相结合的心理路径。本书考察产品呈现方式和其他顾客感知身份相似性引起的后向效应的交互影响，也即研究产品临场感和自我—品牌联结的交互效应，揭示了消费者如何将功能性需求和象征性需求相结合的心理路径。

（二）现实意义

本书回答了"什么样的顾客、以什么样的方式进行产品呈现会导致潜在顾客更强烈的购买意愿"这一研究问题，有利于企业或品牌加深对顾客在线购买行为的理解，有利于对顾客晒单行为进行监控、引导和管理，从而为营销管理实践提供建议和对策。具体来说，有以下几点。

第一，有利于营销者对顾客在线产品呈现进行科学管理，从而提升潜在顾客购买意愿。产品呈现方式和现实顾客感知身份类型会影响潜在顾客购买意愿，通过影响机制研究，有利于管理者引导"恰当身份的顾客、以恰当的方式"进行产品呈现，从而提升营销绩效。

第二，促进商家和网站清楚认识顾客在线产品呈现是一个可以利用的资源，为互联网网购平台或社会化商务网站的功能设计提供指导，促进网络后台提供更方便、更强大的顾客呈现功能，从而提升营销绩效。

四　创新之处

顾客在线产品呈现是互联网新技术、新应用所催生的新的营销现象和新的管理实践。顾客在线产品呈现效应及其影响机制研究是一个崭新的研究主题，其创新之处主要体现在以下几个方面。

第一，研究角度的创新。现有的在线产品呈现研究主要指企业或商家进行的产品展示，本书则把顾客作为产品呈现的主体，结合顾客在线产品呈现的实际，对产品呈现方式进行分类，进而研究其对购买意愿的影响和作用机制。本书提出并检验了顾客在线产品呈现对潜在顾客购买意愿影响的理论模型，开辟了在线产品呈现新的研究方向和领域。

第二，研究内容的创新。本书从文本内容的角度研究了影响临场感的前因和后向结果。在临场感影响前因中，现有研究主要根据文本格式的不同，如文字、图片、视频、音频等来分类并比较影响的大小。本书根据文本内容的差别，创新性地提出了单纯产品呈现、消费场景呈现和顾客在场呈现三种产品呈现方式，这种分类既切合顾客呈现实际，又具有很强的可操作性。本书通过产品呈现方式对购买意愿影响机理的探讨，拓展了临场感的前置变量和后向效应研究，丰富了社会临场感理论，促进了社会临场感理论在电子商务领域中的研究和应用。

第三，丰富了顾客身份相似性后向效应和自我—品牌联结形成来源的研究成果。现有关于身份模糊性对潜在顾客购买意愿影响的研究，还存在意见相左的争论，而国内对顾客身份相似性的研究也极其少见。本书在网络购物环境中分析比较了三种不同顾客身份的影响，丰富了顾客身份相似性后向效应和自我—品牌联结形成来源的研究成果，也为现有的争论性研究提供了新的证据。

第四，现有研究往往把消费者的身份和产品的呈现割裂开来，而本书把呈现的产品与呈现者的身份结合起来研究。通过考察产品临场感和自我—品牌联结的交互效应，揭示在线购物环境中消费者如何将产品的功能性需求和象征性需求相结合的心理路径，即一方面通过他人的产品呈现来认识产品的功能特性和使用情景，另一方面通过他人的身份呈现来甄别所购产品是否与自我概念和身份相符。在管理实践上，提出了晒单类型与产品类型的匹配策略。

第二节　研究思路、框架和研究方法

一　研究思路

有两个重要因素影响消费者的品牌态度和购买决策：一是品牌产品本身的质量、特色及使用体验的好坏；二是这种品牌产品的消费人群主要是哪些。与之相对应，本书重点研究顾客在线产品呈现所能呈现的两大内容：产品呈现和身份呈现。现实顾客的产品呈现可以让潜在顾客了解、认识产品的功能属性和使用体验，身份呈现可以让潜在顾客了解该品牌产品的使用人群。产品呈现是对消费者与产品关系的考虑，身份呈现则是对顾客与顾客关系的考虑。也就是说，顾客在线产品呈现通过这两种呈现，可以不同程度地满足潜在顾客对上述两种信息的需求，从而影响潜在顾客的购买意愿。

在研究的技术路线上，本书以刺激—有机体—反应理论为指导，围绕"现实顾客呈现的刺激→潜在顾客心理→潜在顾客行为反应"这一思想路径来进行理论分析和模型构建。首先，把现实顾客呈现的两大类刺激：产品呈现和身份呈现作为自变量，分别对在线产品呈现方式和顾客感知身份的相似性进行分类，以此作为自变量的不同水平。自变量的分类需要满足两个条件：一是现实顾客能够呈现；二是潜在顾客能够感知到，这样有利于研究结果更好地应用到实践中去。其次，针对"什么样的顾客、以什么样的方式进行产品呈现会让潜在顾客产生更强的购买意愿"这一问题，本书以购买意愿为因变量进行研究。为了解其中的作用机理，本书以社会临场感理论和社会认同理论为指导，分别以产品临场感和自我—品牌联结为中介变量，按照"产品呈现→产品临场感→购买意愿"和"身份呈现→自我—品牌联结→购买意愿"的逻辑来进行理论演绎和假设提出，分别探讨产品呈现方式和感知身份相似性对潜在顾客购买意愿的影响机理。同时，还对产品呈现和身份呈现的协同作用进行研究。接下来，对模型和假设进行实证检验，并通过归纳讨论得出相应的研究结论。最后，结合研究结论提出理论贡献、管理借鉴以及研究局限和未来的研究方向。

二 研究框架

本书共分九章，分别为绪论、文献综述、相关理论基础、研究模型和假设提出、晒单类型和作用的探索性研究、产品呈现效应及作用机制、身份呈现效应及作用机制、身份呈现与产品呈现的协同作用、总结与启示。

第一章为绪论。主要包括研究问题的提出和选题的动因，研究意义和创新之处，研究思路、研究框架及方法。

第二章为文献综述。主要是围绕在线产品呈现效应和身份呈现效应进行梳理和评述，找到本书的理论缺口，确定研究的方向和主题。

第三章为相关理论基础。主要是根据研究目标，寻找相关理论作支撑，包括刺激—有机体—反应模型、社会认同理论和媒介丰富度理论。同时，第二章文献综述中梳理的社会临场感既是一个变量，也是本书的一个指导理论。

第四章为研究模型和假设提出。主要是提出本书的理论模型，并对模型中的变量进行界定，然后结合相关文献和理论基础进行假设发展。

第五章为晒单类型和作用的探索性研究，主要是对晒单的分类和发挥的作用进行质性研究，由两个研究构成。研究一是探索性研究，主要运用焦点小组访谈法、深度访谈法探讨顾客晒单的类型及其作用机制，然后对问卷和量表进行预测试。研究二主要利用在线购物平台中的二手数据探索网购中顾客"晒图"对消费者感知有用性的影响。

第六章为产品呈现效应及作用机制，由两个实验研究构成。研究三主要研究产品呈现的主效应和中介作用。研究四是研究产品复杂性在产品临场感对潜在顾客购买意愿影响中的调节作用。

第七章为身份呈现效应及作用机制，由两个实验研究构成。研究五主要研究身份呈现的主效应和中介作用。研究六是研究产品知识在自我—品牌联结对潜在顾客购买意愿影响中的调节作用。

第八章为身份呈现与产品呈现的协同作用。其中，研究七运用实验法分析产品临场感和自我—品牌联结的交互效应。并且，在总结晒单的总体效应和作用边界的基础上，提出并阐述了晒单类型—产品类型匹配模型，为电商制定晒单管理策略提供依据。

第九章为总结与启示。主要是根据研究结果，对本书的主要研究结论进行总体概括，阐明本书的理论贡献和管理启示。同时，说明本书的局限和未来研究方向。

本书的研究内容和研究流程如图1-1所示。

第一章　绪论
- 问题提出及选题动因
- 研究意义及创新之处
- 研究思路、框架及方法

第二章　文献综述
- 顾客在线产品呈现相关研究
- 社会临场感相关研究
- 自我—品牌联结相关研究

第三章　相关理论基础
- 刺激—有机体—反应模型
- 社会认同理论
- 媒介丰富度理论

第四章　研究模型和假设提出
- 研究模型和变量界定
- 理论推演和假设提出

第五章至第八章　产品呈现、身份呈现效应及协同作用机制

研究一	研究二	研究三	研究四	研究五	研究六	研究七
• 研究设计	• 研究设计	• 实验设计	• 实验设计	• 实验设计	• 实验设计	• 实验设计
• 访谈内容 及过程	• 样本及数据	• 操作过程	• 操作过程	• 操作过程	• 操作过程	• 操作过程
• 访谈小结	• 二手数据 分析	• 操控检验	• 操控检验	• 操控检验	• 操控检验	• 操控检验
		• 假设检验	• 假设检验	• 假设检验	• 假设检验	• 假设检验

第九章　总结与启示
- 研究总结
- 理论贡献和管理启示
- 研究局限和未来方向

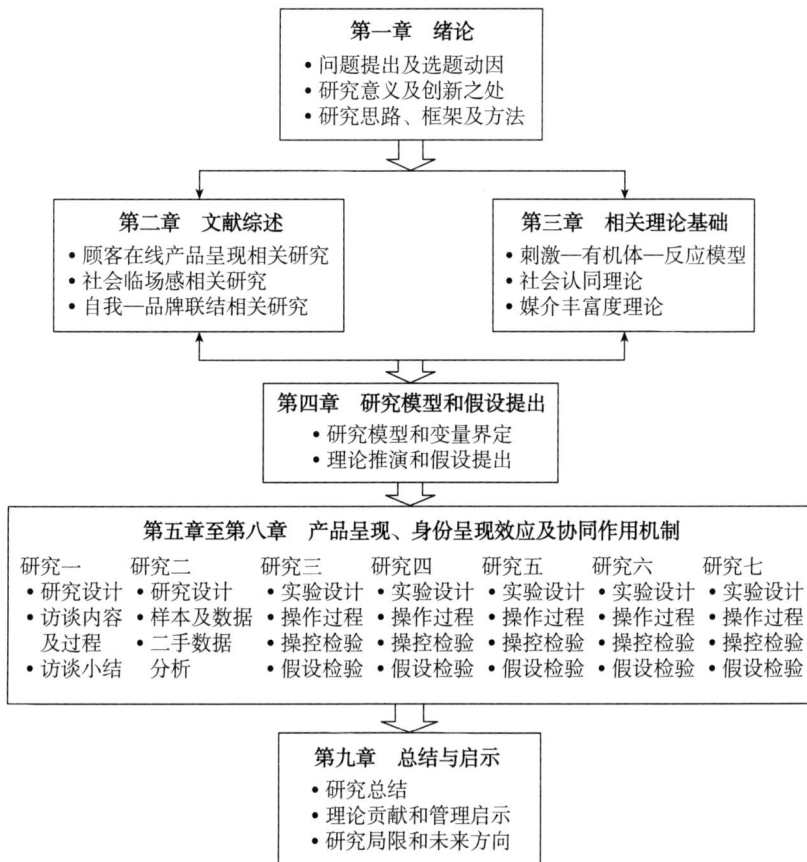

图 1-1　本书研究流程

三　研究方法

本书采用规范研究和实证研究相结合、定性研究和定量研究相结合的方法。在规范研究中，本书结合所要研究的主题，对在线产品呈现、社会临场感、自我—品牌联结等相关文献进行梳理，以刺激—有机体—反应模型、社会临场感理论、社会认同理论、媒介丰富度理论为指导，进行逻辑推演和假设发展，构建理论模型。规范研究不但有助于了解以往学者对相关问题的研究历史和现状，找到现有研究的不足，确定研究内容，还有助于定量研究中的研究设计。

在定性研究中，首先运用焦点小组访谈法对顾客在线产品呈现的

方式进行探索，并初步分析其效应和作用机制；其次运用二手数据法，收集真实的网购数据，探索顾客"晒单"的有用性，以明确实证研究结果的外部效度。

在实证研究中，主要运用实验法和问卷调查法，对研究模型进行验证。实验模拟购物网站的风格和特征，测试产品从网上购买，各种产品呈现方式和顾客身份相似性类型均根据实验自变量的不同水平和要求进行设计。在产品呈现方式和顾客身份相似性对中介变量、因变量影响的实验中，采用单因子简单组间设计。在产品临场感和自我—品牌联结的调节作用实验中，采用2（产品临场感：高、低）×2（自我—品牌联系：强、弱）双因子组间设计。另外，影响消费者购买意愿的因素有很多，如品牌或产品的款式和风格等，因此，消除实验中外生变量的影响是实验成功的关键。实验精心挑选测试产品以及用于情景设置的刺激文本，以尽量消除外生变量的影响，从而提高实验的内部有效性。然后通过问卷调查收集数据，运用SPSS统计软件进行数据分析和假设检验。最后对研究结果进行讨论和分析，得到研究结论、理论贡献和管理启示。

第二章

文献综述

本章围绕顾客在线产品呈现的两个方面：产品呈现和身份呈现来进行文献探讨，寻找现有研究的不足；然后对本书的两个研究视角：社会临场感理论和自我—品牌联结进行文献梳理，以明确研究的方向和突破口。

第一节　顾客在线产品呈现

"晒单"就是顾客将某次购物的各种体验评价与内容，以文字或图片等形式发表出来，与他人共享。英文阅读网、腾讯教育等用"开箱晒单"（unboxing）来表达这个社交热词，并将其解释为"打开新购买物品的外包装，检查其特性，并拍照或拍成视频分享到社交媒体网站的行为"。本书用"顾客在线产品呈现"这个概念来对"晒单"这个网络热词进行学术表达。在京东等许多购物网站上，商品评论中常用"晒图"这一说法，鉴于此，本书对"晒单"和"晒图"不作区分，将其视作等同的概念，在研究中出于表达需要而交替使用。这一节从自我呈现思想入手，分别介绍顾客自我呈现中的身份呈现和产品呈现相关研究，从而引入本书的研究主题，并进行相应的文献探讨。

一 自我呈现

（一）基本概念

自我呈现（self - presentation）首次由 Goffman（1959）提出，是指人们在他人面前展现自我的途径，是人们在身份建构中有意策划并进行具体体现的活动。社会行动者在复杂的内部自我谈判之后，设计一种期望的印象，然后通过一致的表现和互补的行为来维持（Schlenker，1975，1980；Schneider，1981）。Goffman（1959）把这个过程也称为印象管理。社会互动构成了我们日常生活的大部分内容，人们常常通过这种努力来建立自己在别人面前的印象（See Leary，1995；Schlenker，1980）。发展和维持积极的人际关系是人类的基本动机（Baumeister & Leary，1995），自我呈现就是这样一种主要方式，在关系情景中人们通过这种方式沟通他们是谁（Schlenker，1984）。在自我呈现最初的描述中，Goffman（1959）把自我呈现的使用与戏剧演出进行比较，认为每个人就是舞台表演的一个演员，"后台"区域是人们可以撤下防卫、暴露缺陷的地方，从而思考他们接下来如何表演。相反，当一个人在"前台"时，他必须在不熟悉的观众面前发挥被期待的作用。

（二）社会功能

自我呈现常常是通过自我表露（self - disclosure）来实现的（Kaplan & Haenlein，2010）。自我表露是个体对他人表达情感、想法与观点的窗口，最早由 Jourard（1958）提出并发展研究的。他将其界定为告诉他人关于自己的信息，真诚地与他人分享自己个人的、秘密的想法和感受的过程。现有相关研究表明自我表露具有重要的社会功能：第一，可以增进自我认识。Jourard（1971）认为，自我表露是健康人格的必备前提条件。如果一个人从不对他人表露自己的重要信息，他人就无法对其反馈和建议，其就无法从中获取认识和了解自己的机会，也无法改进自己；第二，有助于问题的解决。Cherry（1991）认为，自我表露会提高处理个人问题的能力，当把事情说出来之后，往往发现其实没有自己想象的那么糟糕，增强了个人的信心；第三，促进人际关系的形成和发展。自我表露有利于亲密关系的形成和发展，通过人际关系的建立和发展，获得人际支持；第四，有益于生理和心理健康。过去的生理、心理健康研究发现，自我表露对人的生理和心理健康是有益的。

（三）影响因素

人们进行自我呈现会因受众不同而有所差异。印象管理的一般研究认为，人们在不同观众面前自我呈现的途径和程度是不同的。Schlenker（1984）认为，我们建立的身份在任何关系的形成中都是一个重要组成部分，成为其他关系形成的基础，既为它提供机会，又对它进行约束。既然自我呈现是我们在他人面前建立身份的一种主要途径，那么我们在一部分人面前的自我呈现会不同于其他人，这取决于一个事实：形成的关系具有不同的目标、机会和限制。以前的研究已经证明受众数量不同，自我呈现也有一些不同。例如，自我呈现的程度会因熟悉度和性别有所不同。自我呈现的动机在同性别的、高熟悉度的人群中显著较低；而在异性成员和不熟悉的人群中则相反（Leary, et al. ,1994）。另外，与朋友一起的自我呈现更为谦虚一些，而针对陌生人则相反（Tice, et al. , 1995）。研究还显示自我呈现会因观众特点（如身份地位）的不同而变化（Gardner & Martinko, 1988）。

（四）后向效应

自我呈现影响着各种各样的心理和人际产出，并对人际关系具有重要意义（Schlenker, 1984；Ticeet, et al. , 1995）。Courtney L. Gosnell 等（2009）研究了自我呈现与互动满意和关系满意的联系。他们把自我呈现努力（self - presentation effort）作为个人能够从技术上控制、管理和调整的变量，把互动满意和关系满意作为因变量，结果表明：当参与者与同伴不是很亲密时，这种自我呈现努力与关系满意正相关；但当与同伴有较高亲密度时，这种自我呈现努力与关系满意负相关。在与互动关系的研究中发现，当参与者与同伴越亲密时，自我呈现努力与互动满意的关系越弱。这些结果表明，降低与亲密他人互动的努力是重要的，或许是因为人们需要有一个恢复的"后台"环境。同时，研究认为自我呈现努力能够对满意度有不同影响，这取决于互动伙伴的亲密度。

Schlenker（1984）提出人们在长期互动之后，常会达到一种状态，就是他们想要描绘的身份已经达到了他们实际的身份。当未达到这种状态，问题就会出现。他认为，带有更少目的性的自我呈现更有可能得到成功和满意的关系。关系的真实性研究认为，让他人看到真实的你（也就是别人看到你既有好的方面，也有坏的方面）是重要的，应努力在别人面前保持真实性（Kernis，2003）。这也进一步解释了自我呈现是如何影响关系满意的。

二　顾客自我呈现

消费是一种自我界定和自我表现的行为。人们常常选择自我相关的产品和品牌，传达特定的身份，认为消费是为形成渴求自我服务的，因为一个人可能通过其拥有物来传达自身的形象和风格（Thompson & Hirschman，1995）。通过这种方式，消费者把实物、地点与自身联系起来，使他们的身份形象化，也就是进行自我呈现。自我呈现所需要的社会行动是消费导向的，因为它依赖于个人展示的标志、符号、品牌和实践，以沟通那种期望的印象（Williams & Bendelow，1998）。这样的自我呈现既是一种标志或象征物的操控（Wiley，1994），也是呈现和体验的具体表现（Brewer，1998），用以宣示身份。消费者日常的自我呈现像挑选衣服、发型、汽车等一样，目的是在特定的情境中（如社交聚会、旅行购物等）给人留下深刻印象，或者打造一个面向未来的正面形象。由此可见，顾客的自我呈现既可以呈现身份，也必然会呈现产品。本书认为顾客身份呈现是指在网络环境中顾客个人身份的表露和展示；产品呈现是指顾客在产品消费或使用过程中，通过文字、图片、音频或视频等方式对产品或服务的在线展示，并通过网络分享出去。其中，身份呈现是顾客自我呈现的目的，产品呈现是顾客自我呈现的手段。

研究表明，在线环境具有很多明显的自我呈现的方式，为消费者形成品牌关系提供了一个新的场所（Foumier，1998）。例如，品牌社区、微博或Facebook品牌页面都可以显示品牌支持者的头像图片。还有，企业也可鼓励消费者把他们使用品牌产品的图片发布在各种企业运营的社会化网站上。基于社会化媒体的品牌社群能够把品牌使用者的身份显现给潜在消费者。在社会化媒体使用以前，消费者只能基于广告和发言人的身份来猜测其他品牌支持者的身份特征。而现在潜在消费者通过观察品牌页面或电商网站中的消费者评论与晒图，就可以看见其他品牌支持者的图像和身份信息。Rebecca Walker Naylor 等（2012）用"纯虚拟临场"（mere virtual presence）这个概念来表述在线环境中品牌支持者以头像方式的自我呈现。潜在消费者经常在与卖家互动之前，仅基于这种在线呈现的内容就可以对品牌产品做出判断，因为第一印象影响消费者对品牌的选择和评价，这种基于非语言线索的判断能够非常精确，进而影响目标顾客的行为（Naylor，2007）。

身份的特点是一个人作为一个个体如何定义自己，如何与他人和社会团体联系，以及它们之间的关系状况（Kleine, et al., 1995）。个人身份是区别于其他人的独特自我。当拥有物证明一个人的成就、技能、品位或独特创造性努力时，它就能够反映个人身份（McCracken, 1988；Schultz, et al., 1989）。成员身份是重要的，可以针对预期的受众，把自己置于特定的社交世界和沟通的身份中。其中，个人身份可以被看成是"我"，而成员身份却是构建"我们"。身份通常由一些故意留下的无形的抽象物构成。消费者往往使用特定的品牌和产品来表达这两种身份。比如，"身着瑜伽服的行走能够传达三种信息：有钱、任性、有闲，意味着对自己的生活品质、身心健康有要求。此时，瑜伽变成了身份的独特标签"（吴声，2016）。

像在现实生活中一样，社会化媒体用户利用品牌来说明他们是什么人，以及不是什么人。产品、服务和品牌具有不同类型的价值（Kotler & Keller, 2006），在现实生活中消费者能够体验品牌的使用价值，以及品牌形象的象征价值。在个人空间中，大多数的实际功能价值不再存在，最重要的价值是符号学价值，也就是象征价值。比如，在上述环境中，消费者能够感受到宝马品牌的象征含义，但仅在真实生活中消费者用它作为交通工具。个人空间创建者把自己与品牌的象征含义结合起来，人们会通过这些符号进行推断和解释。不需要经济成本，数字化的消费者就可以通过个人空间建立与品牌之间的关系。

在现实生活中，角色的变化也能够刺激消费者有意识地通过产品与特定群体联系起来，以构建自己的形象（Amould & Price，2000）。如找工作的毕业生会突然关注自己的外表，注重自己的形象。在线环境中，角色改变可以促进消费者创建个人主页，消费者在创建主页之前，会仔细考虑他们是什么人，从而发布他们与产品等拥有物有关的文本信息。这时，品牌的象征价值会让消费者明显地、有意识地考虑到。消费者已经不满足于现实的社会网络，越来越通过在线空间寻求其他消费者的意见（Kozinets，1999；2002）。他们参考网站和个人空间中的推荐和评论来选择产品和服务（Weiss，2001）。与电视和广播等大众媒介的单向传播不同，在以计算机为媒介的沟通环境中消费者可以发出自己的声音。消费者通过发布文本和其他视频、图像就能显露身份，这也使产品和品牌含义的演变更加明显（Ritson，1996）。总之，个人空间等在线环境为消费者创建消费者—品牌关系提供了一个新的场所（Foumier，1998）。

三 在线产品呈现相关研究

（一）从企业或商家角度进行的研究

在线产品呈现是让潜在消费者通过文字、图片、音频和视频等展示方式获取产品信息，甚至还可以让消费者参与和体验，从而让消费者获得对产品的积极态度（刘元寅和王亦敏，2014）。在线产品展示是一种视觉销售手段，以服装产品为例，在线商品展示一般包括产品描述信息、展示性信息，描述性信息包括公司信息、产地、价格、尺码、面料成分等，展示性信息包括平铺式展示、模特展示、虚拟试衣间、图片放大展示等，在线商品展示营造了一种具有冲击性的视觉效果（赵宏霞等，2014）。网络购物存在风险，因此有一种强烈的需要就是发展更好的、可视的在线产品呈现，这种产品呈现可以让人感到可靠，甚至产生触觉体验，从而减少感知风险，提升愉快的购物体验（Jihye Park，et al.，2005）。网络购物减少风险的一种方法是创建有吸引力的、视觉上的产品呈现，能给人一种舒适的感觉和触觉体验（Bhatti，et al.，2000；Szymanski & Hise，2000）。

由于在线产品呈现的重要性，学界开展了大量研究。Jihye Park 等（2005）研究了在线产品呈现对心情、感知风险和产品购买意愿的影响。他们按照产品是否运动，把产品呈现方式分为运动和静止的产品呈现；按照产品图形的大小，把产品呈现方式分为大图形和小图形的产品呈现。研究结果表明，产品运动对心情、感知风险和服装购买意愿的影响显著；产品运动和图形大小对服装购买意愿的影响具有交互效应；心情和感知风险在产品呈现对购买意愿的影响中起到中介作用。Ha 等（2007）根据对网络服装零售网站的商品呈现方式不同，提出六种查看商品信息的互动方式和展示方式（点击属性栏、自动旋转）、商品观看方法（前看、后看和侧看）、细节展示（2D 大图、3D 大图、特写和缩放功能）、商品展示方法（悬挂、平铺、人体模特、真人试穿）、颜色和材质样本（如颜色样本、织物样本）、商品颜色显示（如颜色对比图）、服装和配饰的搭配。

国内学者也进行了较深入的研究。黄静和郭昱琅等（2015）按照产品呈现时有无模特，把产品呈现方式分为产品图片呈现和模特图片呈现，并从信息处理模式的视角，以想象处理程度为中介变量，探究了在线图片呈现顺序对消费者购买意愿的影响。研究发现图片呈现顺序与产品类别对消费者购买意愿具有交互作用，在体验品中，先模特图片后产品图片的呈现顺序更容易提高消费者购买意愿；而在搜索品中先产品图片后模特图片的呈现顺序更容易提高消费者购买意愿，研究验证了消费者想象处理程度的中介效应。

朱国玮和吴雅丽（2015）研究了网络环境下模特呈现对消费者触觉感知的影响。研究认为，网络环境下消费者触觉感官缺失，可运用感官交互理论，探索作为触觉补偿的模特视觉呈现方式，如模特面部表情、性别、体型等因素对服装这种触觉需求较高商品的保暖度、质地、软硬度和弹性等触觉因素的影响。这一研究在理论上，探讨了感官交互理论中视觉对触觉的补偿机制。赵宏霞等（2014）基于虚拟触觉的角度，分析在线商品展示和在线互动对消费者冲动性购物行为的影响。结果表明，在线商品展示和在线互动对消费者冲动性购买既有直接作用也有间接作用，其中虚拟触觉充当了间接作用中的不完全中介变量。这些研究都证实了多感官交互和整合理论（Ernst，2008），即视觉线索在一定情景下会促进个体对触觉信息的加工，即良好的视觉效果可以增加触觉感知效果或者产生一种虚拟触觉。

郑春东等（2016）对网上商店产品展示方式及后续效应进行了系统总结。通过文献回顾，他们认为互动性和生动性是对网上商店产品展示进行探讨时普遍认可的两个变量，并在梳理网上商店产品展示的实现方法基础上，按照实现互动性和生动性核心手段的不同，把产品呈现的具体方法分为两大类，具体如下。第一大类是通过用户的自我操控实现互动性的方法，具体有四种。①改变产品图片观看视角：通过鼠标拖拽实现观看产品图片角度的改变，以达到全面、整体的观察效果；②控制图片距离：通过鼠标操控实现图片距离远、近的不同效果；③更改一些产品设置：通过用户自己的操作实现部分产品设置的更改；④通过一些按钮观察产品细节：通过鼠标操控实现产品细节的放大，使消费者能够清楚地看到产品局部情况。第二大类是通过多媒体的综合使用实现生动性的方法，具体有六种。①静态图片：对整体或局部产品进行静态的图片展示；②文字：通过文字对产品信息进行详尽描述；③声音：与产品本身密切相关的声音（不包括网站背景音乐），如奔驰汽车发动、行驶过程中的声音；④动画：对产品进行动态展示；⑤视频：多数为产品视频广告，分为有解说、无解说两种；⑥3D展示：由于技术上不容易实现，目前还没有大范围推广。他们通过对消费者行为产生影响的重要因素以及各影响因素包含的变量进行梳理，以S—O—R模型为指导，建立了网上商店产品展示对消费者影响机理的理论模型，如图2-1所示。

在动态和静态呈现上，这两种方式对消费者产品评价有显著差异，认知加工模式在其中发挥中介作用（黄静等，2017），同时动、静态呈现与远、近社会距离对网络购买倾向存在显著的交互作用（李赞，2017）。在产品属性特征的影响上，广告传播中的信息呈现方式（模糊/精确呈现）与产品属性维度（垂直/水平属性）的匹配度会影

```
生动性实现手段：
文字
静态图片
动画
视频（有/无解说）
声音
3D技术
```

```
互动性实现手段：
控制图片距离
改变图片观看视角
通过按钮观看细节
更改一些产品设置
```

```
网上产品展示的
功能性特点：
生动性
互动性
```

```
消费者感知：
感知诊断
感知兼容性
感知风险
购物享受
```

```
消费者反馈：
产品态度
网站态度
网站涉入度
继续浏览欲望
消费者惠顾意愿
```

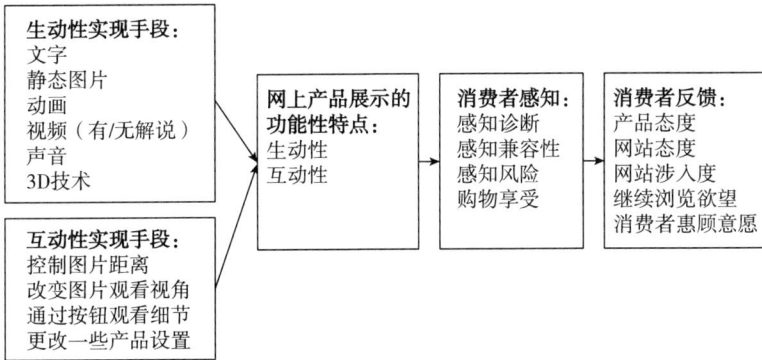

图 2 - 1　郑春东等的网上商店产品展示 S—O—R 模型

响广告态度，消费者处理广告信息的流畅性在其中起到中介作用（黄敏学等，2018）。在网红产品中，内容呈现和形式呈现都对消费者购买意愿具有正向影响，消费者审美价值唤起在其中起到完全中介作用（朱昊琳，2019）。这些研究表明，产品呈现会对消费者产品评价和购买意愿产生影响，呈现方式不同，效果也就有所不同。

（二）在线产品呈现作用原理的研究

社会临场感是在线产品呈现实现目标的基础。Short 等（1976）最早提出社会临场感理论，用以探究以计算机为媒介的沟通效果。学者围绕这一理论展开了深入研究，认为媒介沟通就是要通过媒介实现与他人在一起的感受（Heeter，1992；Biocca，1997），或要实现像亲临现场一样的感受（Richardson，et al.，2003；Tu，et al.，2000），产生无媒介沟通的错觉（Biocca，et al.，2003）。这种效果和感受源于对社会线索的初始反应和对他人心智意图的模拟，与虚拟环境中的信息传输密切相关。Jahng（2000）把社会临场感的定义扩展到了产品呈现领域，认为在虚拟环境中，人们与产品互动时会产生一种产品临场感，并提出"产品临场感是指与产品互动时，购买者对产品出现在面前的一种心理感知"，它能用于处理消费者—产品关系，消费者做产品决策时可通过观看、测试和体验等形式与产品互动，从而认识和评价产品属性。可见，在媒介沟通环境中，用户感受到产品实际存在的程度取决于产品的呈现方式。目前，学界围绕临场感的影响前因和后向效应，进行了一系列研究。

在线产品呈现的目的就是要让潜在消费者有一种产品实际存在的感知，也就是一种临场感。在计算机或通信媒介环境中，用户可以感受到产品实际存在的程度取决于产品的呈现方式（Jungjoo Jahng，2000）。当用户感受到的临场感较高以及虚拟体验真实感很强时，他们更容易被广告说服（Kim & Biocca，1997）。产品呈现方式实质是信息线索的展现方式。根据信息线索的不同，产品呈现方式可以是文字、图片、视频、音频等。信息线索描述的丰富性和精确性会提高虚拟购物体验的现实感。媒体中的沟通线索或信号经常传递一些微妙的信息要素（Tu，C. H. & McIsaac，M. S.，2002）。社会信息处理理论认为同样的媒介可以感知为信息贫乏，也可以感知为信息丰富，这取决于沟通过程中有效线索的总体数量。沟通线索可以是讲述，也可以是文本（Cheshin，A. & Rafaeli，A.，2011）。在虚拟环境中，大多数传统的店内模拟是没有发挥作用的，而文本中的描述性线索可以提供强有力的替代模拟，可以引起购买者对产品精确的心理想象。Walther，J. B.（1992）认为，身体线索的存在，如手势、面部表情以及文本中其他描述性线索，在消费者形成产品形象中起着重要作用。特别是，很多关于沟通心理的研究都强调线索多样性的重要作用（如 Walther，J. B. & Tidwell，L. C.，1995；Xu，D. J.，et al.，2012）。线索的多样性可以提高沟通质量；文本中的丰富线索能够让消费者想象详细、精确的产品形象，从而减少网站与消费者间的心理距离。Klein（2003）发现文本线索丰富的网页内容可以提高虚拟体验感知的互动性，从而提高在线认知体验的现实感。Eroglu 等（1993）认为，感知模拟的程度可以提高网站的感知丰富度和互动性，这也是临场感的两个维度。Cheshin 等（2011）发现文本中的文字线索在表达情感方面（如生气和愉快）很有效。Song 和 Zinkhan（2008）指出，在顾客与销售代表的在线聊天文本中使用个性化线索，可以提高感知互动性，因为沉浸在虚拟购物环境中，购物者会有更强的空间现实感（Fiore，et al.，2005）。因而一般认为，文本中线索数量越多，临场感越强。

文本线索的增加也能提高与虚拟环境中社会实体之间的关系感知。根据 Xu 等（2012），社会情景较少的媒介会让人产生较大心理距离，而线索的多样性将会促进心理的亲近感。沟通心理学家已经指出，尽管其他人不在线上，但大量的线索可以引起其他人在场的感受（产生临场感）。其他消费者丰富、生动的产品评论或者经验信息，可以引起经验上的同步性感知，这可以促进产生社会临场感（Yadav，M. S. & Varadarajan，R.，2005）。

由于不同媒介传递语言和非语言线索的潜能不同，从而导致传递的社会情景信息也不同。Short 等（1976）最早比较了视频、音频和面对面三种情景的沟通差异，结果表明视频组和面对面互动组没有显著差异，音频组显著低于两种视频组。他们得出结论认为，社会临场感与沟通效果具有相关性。对于图片与文本的效果比较，Childers 等（1986）发现形象化的刺激比文字描述更有效和说服力。基于临场感理论，研究认为随着媒体丰富度以及用户控制的增加，产品临场感也随之提高（Steur，1992）。比如，相对于文字信息格式，具有静态图片的文本信息、视频、动画、音频等产品信息格式是产品信息更加丰富的格式，能够展现产品的各个方面（Palmer & Griffith，1998）。因此，我们可以对这几种方式的临场感从高到低排序：首先是视频，其次是音频或图片，最后是文字。

（三）产品呈现中的情境和场景因素

Schilit（1994）最早提出情境感知（context – aware）这一概念，将情境定义为"位置、物体、人外围的表露，以及这些事物变化的表露"。与人相关的情境包括用户信息、社会环境、任务，与物理环境相关的情境包括位置、基础设施和物理条件。Dey 认为，情境是指"任何可用来描述一个实体情况的所有信息，这个实体可以是人、地点或者是使用者与系统交互过程中有关的物体，包括使用者及其系统本身"，并把可感知的情境因素分为两类。一类是直接的显性感知因素，如位置、时间和周围环境等；另一类是系统内部的隐性感知因素，如用户的社会关系、习惯、消费水平和喜好等。在 Blackwelk 等

（1995）的研究中，情境分为沟通情境、购物情境、使用情境。其中沟通情境包括消费者与导购人员、购物伙伴，或广告、宣传单等的沟通和接触；购物情境包括消费者购买商品的情境、购物过程的情绪；使用情境包括消费者使用产品的时间、地点、周围环境等。所罗门（2006）是美国消费者行为研究专家，他在研究中将消费情境描述为除了消费者和产品之外，影响购买活动的产品使用方面的所有因素。Belk（1975）在对购物活动的研究中将购物情境分为五大类，有物理环境、社会氛围、时间因素、任务类型和购前状态。

在虚拟展示过程中，观众不仅要和展示产品进行互动，还要和周围的环境进行交互，所以虚拟展示环境的设计不仅能为产品展示提供环境平台，还能增强虚拟展示与人互动的效果，创造良好的展示气氛（曹巨江和陈诚，2010）。产品展示环境的设计是现代工业设计体系中一个非常重要的组成部分（范劲松和杨健，2004）。吴声（2016）在其著作《场景革命：重构人与商业的连接》中认为，很多时候人们喜欢的不是产品本身，而是产品所处的场景，以及场景中自己浸润的情感。比如，仙人掌科、景天科等多肉植物，从产品层面来看，其貌不扬，颜值不高。然而，当它被"90后"摆在办公桌上时，就会常常出现在透着阳光的原木窗旁边，有台灯、明信片的书桌，有装红酒的木格……这样的场景已经赋予了产品健康、乐观、朴素的情感和生活诉求。不要认为跑步就是跑步、瑜伽就是瑜伽。瑜伽服的重要性不在于瑜伽房里热火朝天的拉伸和呼吸。练过瑜伽的人都知道，瑜伽课定价不菲，因此身着瑜伽服的行走能够传达三种信息：有钱、任性、有闲；对自己的生活品质、身心健康有要求。此时，瑜伽变成了身份的独特标签，也塑造了新的场景。他认为这种场景化思维使产品功能清晰，场景的背后隐含了互联网时代的生活方式和消费形态。

四　小结

本节对顾客在线产品呈现的相关文献进行了梳理。首先对现实生活中人们自我呈现的概念、社会功能、影响因素和后向效应进行了回顾，其次分析了顾客自我呈现中的产品呈现和身份呈现，最后对在线产品呈现的方式、内容、作用原理等相关研究进行了讨论。通过对文献的梳理，我们认为顾客在线产品呈现效应是一个崭新的研究领域，虽然相关方面的文献日益增多，但还存在明显不足。

第一，现有关于在线产品呈现的文献大多是以商家为主体进行的产品展示，对以顾客为主体进行的产品呈现研究很少。相对于以企业为主体的产品展示，顾客在线产品呈现作为以顾客为主体的产品呈现具有如下一些不同。一是在潜在顾客看来，呈现的产品显得更加真实、客观、可信；二是可以呈现更加丰富和真实的消费场景和应用情景；三是可以让潜在顾客有效地观察特定品牌或产品消费人群的真实身份，因为顾客的自我呈现一方面呈现了产品，另一方面也呈现了身份。而以企业为主体的产品呈现则可能仅仅是广告。这些不同必定能引起消费者心理和行为的差异化反应，因此，亟须加强顾客在线产品呈现研究。

第二，互联网新技术、新应用和社会化媒体允许用户呈现品牌和产品，顾客在线产品呈现已成为企业的一种新型营销策略。那么顾客在线产品呈现有哪些方式，主要呈现什么内容，它们是怎样影响潜在消费者购买意愿的，企业应怎样合理有效地发挥顾客在线产品呈现的作用，这些问题有待回答。另外，关于在线购物环境中消费者呈现内容的影响，现有研究主要集中于在线口碑、在线文字评论等内容，对消费者在线图片呈现影响的研究较少。在移动互联网和社会化商务日益发展的背景下，这些问题需要系统深入的研究。

第二节　顾客身份效应相关研究

顾客在线产品呈现一方面呈现产品，另一方面呈现身份。本节主要介绍顾客身份效应的相关研究，包括相似性效应、吸引性效应、模糊性效应。顾客与顾客关系是普遍存在的，在服务环境中，顾客会直接或间接影响其他潜在顾客的满意和不满意（Martin, et al., 1989）。顾客可能受到同属顾客正面或负面的影响，这种影响可能通过口头交流，通过他们的外表或行为举止，通过身体的接近，或者通过形成刻板印象等方式来产生。

一 顾客相似性

相似性效应（similarity effect）是社会心理学中一个比较受关注的研究领域。相似性具有不同的维度，如态度相似（Byrne，1971），人口统计特征相似（Hitsch，et al.，2010），还有偶然性相似，如共同生日、出生地等（Jiang，et al.，2010），这些研究表明相似性能够影响人们的偏好，产生更积极的态度甚至行为意愿。人们易于对那些看起来相似的人表达亲近（Morry，2007）。而且，看到其他相似的品牌支持者会产生很大的品牌亲和力（Berger & Heath，2007）。以前的研究表明：相似的他人易于被说服，而不相似的他人的意见就会打折扣（Brown & Reingen，1987）。因此，管理者能够根据评论者的身份是否被识别出与目标顾客相似还是不相似，预测正面和负面评论的说服效果。目标市场营销依赖于这样一种思想，就是假设人们更容易被那些与自己有相似特征的人所做的广告说服（Aaker，et al.，2000）。

许多研究人员在不同的环境中研究了其他顾客对消费者感知的影响（Montoya，et al.，2008）。比如，Emswiller 等（1971）认为，外貌方面的相似性具有重要影响，受试者更可能与他们穿着同样衣服的人保持一致。在服务环境中，Thakor 等（2008）的研究显示在场的年老消费者对年轻成人消费者的态度以及光顾意愿具有消极影响。Grove 和 Fisk（1997）强调了其他顾客可能引发的积极和消极的影响，认为很多不满意事件往往与感知到的其他顾客的年龄、性别和种族有关。关于相似性的大多数研究都是考察人员间态度相似的作用（Byrne，1971），并且重复证实着人们更易受到具有相似态度的他人的吸引和影响（Jiang，et al.，2010）。研究显示，积极的相似性影响受试者与在场顾客的互动意愿，影响受试者对服务提供者的评价和推荐。积极情绪（欢乐和兴趣）在相似性和互动意愿中起中介作用（Brack & Benkenstein，2014）。

学界普遍认为，其他顾客只要在场，即使没有互动，也会影响顾客的心理和行为反应，这种没有互动的顾客在场被称为纯临场（mere presence）（Argo，et al.，2005；Tombs，et al.，2003）。在服务环中即使是陌生人也会相互影响，因为顾客相似性效应被发现对顾客态度和行为有重要的影响。现有研究集中于销售人员与客户之间的关系（Woodside & Davenport，1974；Jiang，et al.，2010）。Baker（1987）指出，服务环境中的社会性因素包含顾客和员工，并且影响顾客体验的不仅包括与员工个人接触，还包括与其他顾客的接触（Bateson，1985）。有研究表明，陌生他人的纯临场不仅影响顾客情绪（Argo，et al.，2005），还影响对零售商的评价和态度（Soderlund，2011），以及对服务质量的感知（Brocato，et al.，2012）。

感知相似性指的是一种信任建立机制，这种信任的建立是基于委托人感知受托人的共同特性，包括兴趣爱好、价值观和人口统计特征等（Yaobin Lu，et al.，2010）。传统环境中大量的实证研究表明相似性对信任行为有积极影响。来自社会心理学、咨询服务和沟通方面的证据表明，在相关的环境中，关系满意受到个体间相似性的影响（Crosby，et al.，1990）。在营销文献中，研究发现有关行为、目标方面的共同价值观和信念对信任有显著影响（Dwyer，et al.，1987；Morgan & Hunt，1994）。Doney 和 Cannon（1997）发现买方人员对卖方销售人员的信任受到相似性的显著影响，这种相似性可通过销售人员与买方人员所拥有的共同兴趣和价值来评估买方对卖方的信赖。

在线环境中，这种关系也存在。比如，在线评论系统中，人们倾向于采纳那些和他们相似的人的意见（Ziegler & Golbeck，2007）。当人们聚集到同一个社群中时，他们易于积极地相互感知，这可以提高他们的信任（McKnight，et al.，1998）。在一项网络信任转化的研究中，在可信任的网站与不熟的链接网站之间的感知相似性正向影响未知网民的信任，尽管两个网站之间的感知相似性与两个人之间的相似性有很大不同，这表明信任可以通过相似性转化而来（Stewart，2003）。一个人会把与自己相似的人视为相同，这种认同通常会导致对对方的信任。在虚拟社群中，人们为了共同的利益或目标聚集到一起。相似的利益或体验会建立成员间的信任。Feng 等（2004）发现，移情作用的精确性对在线人际信任有显著影响，移情作用的强度和委托人与受托人间的相似性有关。就像前面提到的，相似性包括人口统计特征、兴趣和价值观等几个方面。Yaobin 等（2010）的研究聚焦于兴趣爱好和价值观，因为虚拟社群常常是基于共同的目标和利益而形成，认为与其他社群成员感知相似性正向影响其他成员的信任能力、诚信和善行。

国内相似性效应的研究主要从不同的情景、不同主体间的相似性展开。比如，在组织群体中，个体—主管深层相似性感知对员工创新行为具有显著正向影响（李锡元等，2017）；在并购后的新组织中，领导身份的群体原型典型性会积极影响上向信任，继而促进新组织成员的组织认同（陈丽哲，2018）；在共同内群体中，感知相似性还可以促进群体的心理整合（梁芳美，2020）；在社会化媒体中，商家与顾客间的感知相似性会影响顾客信任（刘容等，2021）。这些研究从不同角度证实了相似性的积极作用。

关于相似性的测量，现有研究主要从外表、生活方式、地位三个方面来进行，具体如表 2 – 1 所示。

表 2 – 1　　　　　　　　　　相似性测量量表总结

变量	研究者	维度	问项
感知相似性	Yaobin Lu, Ling Zhao, Bin Wang（2010）	生活方式相似	1. 我感觉 ＊＊虚拟社群中的成员具有共同的目标
			2. 我感觉 ＊＊虚拟社群中的成员与我有相似的兴趣或利益
			3. 我感觉 ＊＊虚拟社群中的成员与我的价值观相似
			4. 我感觉 ＊＊虚拟社群中的成员与我有相似的经历
感知相似性	Lawrence A. Crosby, Kenneth R. Evans & Deborah Cowles（1990）	外表相似	1. 与自己外貌相似
			2. 与自己穿着相似
			3. 与自己风格习惯相似
			4. 与自己说话相似
			5. 与自己个性相似

续表

变量	研究者	维度	问项
感知相似性	Lawrence A. Crosby, Kenneth R. Evans & Deborah Cowles (1990)	生活方式相似	1. 与自己家庭状况相似
			2. 与自己兴趣爱好相似
			3. 与自己政治见解相似
			4. 与自己价值观相似
		身份地位相似	1. 与自己教育水平相似
			2. 与自己收入相似
			3. 与自己社会地位相似
感知相似性	Anna Dorothea Brack and Martin Benkenstein (2012)		1. 你感觉＊＊中的人与你有多相似
	Ames（2004）		2. 你有多大程度认同＊＊中的人
感知相似性	Rebecca Walker Naylor, Cait Poynor Lamberton & Patricia M. West, 2012	以年龄和性别操作化	在不同品牌支持者构成情况下，你有多同意这个品牌的粉丝与你有相同的年龄？以及相同的性别

资料来源：笔者整理。

二　顾客模糊性

既然不相似的顾客会让潜在的目标消费者产生较低的品牌评价，那么顾客身份模糊会导致什么样的反应？消费者会因为其他顾客身份信息模糊而对品牌产品评价和购买意愿打折扣吗？顾客身份模糊是指不显示或显示非常有限的人口统计信息，如不显示任何消费者或品牌支持者的图片，或者只显示没有提供图片的支持者，或者仅显示掩盖了消费者身份的图片（Naylor, et al., 2011）。Sassenberg 和 Postmes（2002）的研究显示当人们对其他群体成员一无所知时，他们报告较低程度的喜爱和感知较低的群体凝聚力。这些研究者是通过社会归类理论（Turner, et al., 1987）得出结论的，这一理论认为不能被归类于某个核心团体的个人将服从于他人团体的刻板常识。

然而，最近对模糊性的研究吸收信息加工的观点，得到了完全不同的结论，即在其他人外部信息缺少的情况下，消费者会根据自我概念来推断模糊性，从而产生积极效果。Naylor 等（2011）从在线评论的角度进行了身份模糊性效应的研究，结果表明身份模糊的在线评论者比不相似的评论者更有说服力，并且与相似的评论者具有相同的说服力。他们认为研究从信息处理解释水平理论，而不是社会归类理论视角，更可能得到支持。换句话说，当顾客身份模糊的时候，消费者会自动地以自我为中心来进行参照，把自己的个性特征映射到品牌用户上，从而促进了共同性推断，也就是模糊性的评论者与顾客自身有相似的偏好，从而出现一定水平的类似于由相似性顾客产生的亲密关系，从而比不相似顾客产生的亲密关系更高。其结果是模糊性的评论者产生与相似的评论者相同的推断和说服影响，并比不相似评论者产生明显更大的效果。Gershoff 等（2001）认为，产品评论来源对它的有用性非常重要，而且消费者会自然地参考模糊性的评论者。这些研究表明模糊性评论者可能拥有较强的说服影响。但 Norton 等（2013）的研究表明，身份模糊也会导致一种不相似的推断，而不是相似性推断。

三 顾客吸引性

对吸引性（attractive）的研究源于人类学家在 19 世纪后期和 20 世纪早期发现的交感魔法（Frazer，1959；Mauss，1972；Tylor，1974）。这种"魔法"提供了一种有关世界如何运作和影响、人们如何思考与解释信息的宽泛理论。这种理论的核心是传染效应。根据这个法则，一个资源（人或对象）仅仅通过直接或间接的接触就能影响另一个受体（另一个人或对象）（Rozin & Nemeroff，1990）。虽然人类学家最初用传染法则解释风俗习惯（Meigs，1984），但这表明在西方文化中它也会影响人的行为。比如有研究发现，与一个让人厌恶的资源接触（如不喜欢的人和目标）会导致被试者较低的评价，然而与一个令人喜欢的资源接触却能提升其评价（Nemeroff，1995；Rozin，et al.，1994；Rozin，et al.，1986）。同样地，Morales 和 Fitzsimons（2007）发现传染效应也会影响消费者对两种相互接触的产品的反应。这种研究并不限于一个领域，具有深远的影响。

以前对传染效应的研究仅集中于负面与积极的传染，发现负面效应在范围和强度上都比积极效应更强（Rozin，et al.，1971；Rozin，et al.，1994），这种差异与人的学习模式一致，因为人们对负面事件产生反应的可能性比对正面事件产生反应的可能性要大。也有研究表明，消费者与产品之间（如消费者污染）、产品与产品之间（如产品污染）的物理接触会导致对目标对象更低的评价（Argo，et al.，2006；Morales，et al.，2007）。在零售环境中，当进行身体接触时，消费者面临着一种悖论。一方面，他们购买之前需要触摸产品，因为这有助于收集产品信息，更好地做出购买决策（Mooy & Robben，2002；Peck & Childers，2003）。另一方面，他们又反感别人接触他们想买的产品，特别是当有负面传染效应时，人们会重视这种接触（Argo，et al.，2006）。也就是说，可能会出现这样的情形，消费者在购物的时候，自己想触摸产品，但并不愿意其他人做同样的事情。

但也有积极反应的情形。广告宣传方面的研究实践表明，有吸引力的其他消费者，比如美女，可以发挥积极作用（Argo et al.，2008）。把美女和吸引物作为影响源来研究其对消费者品牌态度和购买意愿的影响，这类研究都暗示着美的吸引物在零售环境中具有重要作用（如 Belch，et al.，1987；Percy & Rossiter，1992）。

尽管实践中认为，美的吸引物在零售环境中很重要，真正考察具有高度吸引力的人（相比于吸引力一般的人而言）对消费者影响的研究很少见。大多数文献聚焦于在广告宣传中使用美丽的模特或代言人（Henderson‐King，et al.，1997；Smeesters，et al.，2006），但在零售环境中关于吸引物本身作用的研究还不多。基于此，Argo 等（2008）研究了在消费体验期间，有吸引力的其他顾客对消费者的影响。他们通过研究消费者在看到有吸引力的他人触摸他们想购买的相同产品时的反应，考察有吸引力的其他顾客的社会影响。研究发现，当消费者感知一个产品被具有高吸引力的其他消费者接触时，消费者对产品评价更高，而且性别在这种积极的传染效应中是一个重要的调节变量，即接触源和消费者必须是异性，才会有积极感染效应存在。

四 小结

本节对其他顾客身份的相似性效应、吸引性效应和模糊性效应的相关研究进行了文献探讨，发现现有研究还存在一些不足。

首先，在网络购物环境中，关于现实顾客与潜在顾客相似性效应的研究还很少。在线环境中，消费者没有像在实体零售环境中那样接触产品，那么这种影响还一样吗？而且在电商环境中，会出现一种特殊情况，即顾客网购时可能会掩盖身份，不显示或仅显示很有限的身份信息，从而出现身份模糊的现象。但目前关于身份模糊性效应的研究极少，甚至得出了完全相反的结论。David 等认为，身份模糊会导致一种不相似的推断，其结果是消费者与身份模糊的他人抗争，就像与不相似的他人抗争一样。而 Naylor 等则认为在缺少他人信息的情况下，消费者会根据自我概念来推断模糊性，将自己的个性特征映射到品牌用户上，从而产生积极效果。因此，网购环境中的身份呈现效应到底如何，亟须得到进一步研究和明晰。

其次，关于相似性效应的作用机制，现有研究主要认为是信任、积极情绪在发挥中介作用。这不足以解释网购情境中，消费者的象征性需求如何得到满足。自我—品牌联结是消费者与特定品牌之间存在的一种有意义的个人联结，可以使品牌与个人的自我概念紧密相连，是消费者把特定品牌融入其身份，帮助他成为想象中的那种人（Escalas，2004）。参照群体是品牌联想的一种来源，消费者可通过使用成员群体和崇拜群体使用的品牌来界定和培养自我概念（Escalas，et al.，2003）。那么，在满足象征性需求的网购情境中，身份的相似性会不会是自我—品牌联结的一种来源，自我—品牌联结会不会是身份相似性效应的另一种中介机制，这些还鲜有研究。

基于上述研究不足，本书研究电商平台中顾客身份呈现对潜在顾客购买意愿的影响，可能的创新和贡献体现在以下三个方面：第一，提出顾客身份呈现效应和作用机制的研究框架，并进行实证检验；第二，比较不同身份类型对潜在顾客购买意愿的影响，也为身份模糊性效应的争论性研究提供新的证据；第三，可以丰富自我—品牌联结形成来源和作用边界的研究成果，揭示在线购物环境中潜在顾客如何满足象征性需求的心理路径。

特别需要补充一点的是，本书将身份呈现的类型分为身份相似、不相似、模糊三类，没有把身份吸引性单独作为一类，是考虑到相似性和吸引性有重叠之处。费孝通在对传统中国社会中的社会结构和人际关系进行理论概括的基础上，提出了著名的"差序格局"的概念，认为人际格局的亲疏远近，如同水面上泛开的涟晕一般，由自己延伸开来，一圈一圈，按离自己距离的远近来划分人际关系的亲疏。站在每个圈的边缘向内看，自己就是内群体，向外看就是外群体。因此，从这个角度来说，当潜在消费者站在边缘向内看吸引性顾客时，自己就和吸引性顾客一起属于内群体，从而得到身份相似性的感知。

第三节　社会临场感相关研究

社会临场感（social presence）是在线产品呈现实现目标的基础。社会临场感在本书中是一种视角，是一个理论，还是一个变量。因此，本节对社会临场感的相关研究进行重点回顾，详细讨论它的概念、起源与发展、维度、测量、影响因素、后向结果以及研究领域等，为后续研究奠定基础。

一　社会临场感的概念

人是社会性动物，过着群体生活。互联网从连接人、计算机与信息的努力中发展而来。人们借助互联网与朋友、家庭、同事交流，也借此形成新的社会关系（Madden & Lenhart, 2006），互联网被作为一种社会化媒介来研究（Baym, et al., 2004）。这种以计算机为媒介的沟通（computer - mediated communication, CMC）从 20 世纪 80 年代末和 90 年代初开始受到关注，主要涉及组织、商业和教育环境。CMC 的沟通效果和作用很大程度上取决于沟通的周围环境（Herring, 2007）。

学界围绕 CMC 的沟通效果出现了争论。有学者认为 CMC 不够人性化，过滤掉了非语言线索（nonverbal cues），从而使沟通效果受到影响（Walther，1996；Walther，et al.，1994）。但有学者认为，即使没有非语言线索，CMC 仍然具有很强的社交性，容易进行人际交流（Gunawardena，1995；Gunawardena & Zittle，1997），甚至还可以是高度人性化的（Walther，1996）。这样产生了一个研究问题：在线沟通时，究竟哪些媒介属性影响人们的社会互动和像亲临现场一样的感受（Gunawardena，1995；Gunawardena & Zittle，1997；Richardson & Swan，2003；Tu，2000）。这些 CMC 的早期研究者用社会临场感理论来解释他们的发现。然而，"社会临场感"表面上的直观，却不能带来认识上的一致。学者往往对社会临场感进行不同的界定和操作化，一些相似的概念也被混淆使用，从而影响研究结果的使用。

（一）社会临场感与远程临场感

网络沟通被认为具有相同的本质，即一个人通过媒介实现与他人在一起。人们可以使用媒介通过音频、视频、录入文字或发出表情图像实现"与他人在一起"（being with another）的感受。这种"与他人在一起"的感受，通常包括以下两种相互联系的感受或现象（Heeter，1992；Biocca，1997）：

（1）远程临场感（telepresence），也叫空间临场感（spatial presence）或物理临场感（physical presence）：是指一种"在那里"（being there）的感受，包括对空间线索的自动反应和产生空间错觉的心智模式。空间临场感探讨"在虚拟场所中"的感受，主要研究空间感（sense of space）的产生及相应的感知和行为。空间感是由通信媒介产生的，它可以是真实距离，也可以是不存在的虚拟距离（Steuer，1992；Schloerb，1995）。远程临场感有两个主要维度：生动性和互动性。生动性是指媒介环境中信息的丰富度，互动性指的是用户控制的信息形式和内容（Steuer，1992）。但对于有知觉能力的人而言，他人仅在空间上有一个位置或代表物，只能表示它"在那里"，还不能实现"与他人在一起"的感受（Biocca & Harms，2002）。

（2）社会临场感（social telepresence）：是一种"与他人在一起"（being together with another）的感受，包括对社会线索的初始反应和对他人心智、意图的模拟。这里的他人既可以指真实的人，也可以是动画或者虚拟化身等。这个定义的本质是他人作用的突出性程度，以及随之产生的人际关系效果的显著性。

由于社会临场感以通信技术为媒介，有时也被称为媒介社会临场感（mediated social presence）或远程社会临场感（social telepresence）。但在很多情况下，为了与传统研究（Short，et al.，1976；Heeter，1992；Palmer，1995）保持一致，不论是在媒介还是无媒介的环境中，大家一般使用"社会临场感"这个术语（Soussignan & Schaal，1996；Huguet，et al.，1999）。因此，笔者认为社会临场感有广义和狭义之分，广义的社会临场感包括远程临场感和狭义的社会临场感。本书主要指广义的社会临场感。

（二）社会临场感的各种定义

需要对社会临场感有充分的理解，不仅因为社会临场感的重要作用，还因为只有持续研究才能使相关概念更加清晰。而且，只有对社会临场感有深入的理解，才能更好地进行操作化，才能为实证研究提供有效指导。大部分研究把社会临场感定义为在虚拟环境中与他人在一起的感受。虽然这个定义不能完全解释和测量社会临场感，但它易于被接受，而且容易记忆。同时，还有其他一些有代表性的定义。如Kreijns 等（2011）认为社会临场感是：不论在即时还是延迟沟通中，感知其他人是"真人"（real physical person）的错觉程度。这个定义与一些研究者提出的社会临场感是"无媒介沟通的错觉"的定义是一致的（Lombard & Ditton，1997；Biocca，et al.，2003）。此外，还有其他许多定义。

Jungjoo Jahng（2000）把社会临场感的定义扩展到了产品展示领域，认为在虚拟环境中，当与产品互动时，就会产生一种产品临场感（product presence），并指出"产品临场感是指与产品互动时，购买者对产品出现在面前的一种心理感知"。产品临场感维度用于处理消费者—产品关系，是指消费者在做产品选择决策时通过观看、测试、玩耍和体验等形式进行消费者—产品互动，以认识和评价产品属性。从社会临场感（Short，et al.，1976）和媒介丰富度理论（Daft & Lengel，1986）可以看出，在电子商务环境中应以消费者—产品互动沟通的信息特点为依据，确定提供不同程度产品临场感的媒介丰富度的不同水平。媒介丰富度的不同水平能够用来减少信息的不确定性，这种不确定性可能是由于消费者—产品互动信息缺乏和这种信息不清晰导致的模糊性而引起的。因而当对消费者决策来说是很重要的产品信息时，高水平的产品临场感是需要的。因而，产品临场感的需要水平取决于产品属性信息的重要性。Jungjoo Jahng（2000）的研究认为，不同的产品类别对产品临场感有不同的要求，两者应该相协调。总之，社会临场感的定义多种多样，根据研究的主要方法和维度，可将社会临场感的定义总结如表 2－2 所示。

表 2－2　　　　　　　　社会临场感定义的总结

分类	定义	主要研究者
同在：在共同的场所或有共同的意识		
与具体呈现的他人在一起的感受（Goffman，1959）	（无媒介）用赤裸的感官体验与他人在一起的感受	Ciolek，1982；Biocca & Nowak，1999，2001；Nowak & Biocca 1999，2001；Nowak，2000
	个人用赤裸的感官体验到的与他人相隔的物理距离	
在共同的场所	相互协作的人在同一个空间的感受；能感受到另一个距离远的他人的社会存在	Mason，1994；McLeod，et al.，1997；Tammelin，1998；Sallnas，et al.，2000
	在沟通情境中能感受到他人的有形性和可接近性	
表面上的存在、反馈或者互动性（Heeter，1992）	他人对用户表达存在或做出反应的程度	Heeter，1992；Culnan & Markus，1987；Palmer，1995；Gunawardena & Zittle，1997；Carson & Davis，1998；Cuddihy & Walters，2000
	在即时通信中个人被感知像真实的人的程度	
	互动时心理上感知到他人存在的程度	
在一起的感受	在一起的感受	Greef & IJsselsteijn，2000；Cho & Proctor，2001

续表

分类	定义	主要研究者
心理涉入		
感知进入他人心灵的程度（Biocca，1997）	社会临场感就是用户感受到进入另一个人的内心、意图和知觉印象的程度。当能感觉到他人存在时，最低水平的社会临场感就会产生	Biocca，1997；Huang，1999；Nowak，2000
他人的突出性程度（Short，et al.，1976）	互动中他人的突出程度，以及随之产生的人际关系效果的显著性，它是沟通媒介的一种主观效果	Gunawardena，1995；Huang，1999；Rice，1993；Galimberti & Riva，1997；Riva & Galimberti，1998；Tammelin，1998
	是一个单一维度，指考虑全部因素的综合性认知	
	是用户态度方面的维度，是对媒介的一种心理定向	
	是一个现象变量，不仅受非语言线索传递的影响，还受到影响其他人"表面距离"的综合性线索的影响	
亲切感和即时性	即时性是指两个实体间互动的直接性和强度；或者互动的心理距离	Mehrabian 1967；Weiner & Mehrabian，1968
	亲切感是指这样一种功能，彼此保持接近、目光接触、微笑以及对话时涉及个人话题等，是交流双方关系的一种维度	Argyle & Dean，1965；Argyle，1969
相互理解	社会临场感是指在媒体丰富度低的条件下人们自我认知的一种能力	Savicki & Kelley，2000
行为参与		
相互依赖，行为上的多渠道交流（Palmer，1995）	虚拟现实与人际沟通在一定程度上是一致的，因为个人在虚拟环境中可以遇到其他在场的人，并且可以通过相互依赖、多渠道的交流有效地形成关系	Heeter，1992；Huang，1999
与产品在一起的感受		
产品临场感	产品临场感是指与产品互动时，购买者对产品出现在面前的一种心理感知	Jungjoo Jahng，2000

资料来源：笔者整理。

二 社会临场感理论的形成

Short 等（1976）最早提出社会临场感理论，并解释了沟通媒介对沟通效果的影响。他们对社会临场感的定义是使用沟通媒介时，他人的突出性程度。由于不同媒介传递语言和非语言线索的潜能不同，从而导致传递的社会情感信息也不同。基于此，他们赋予每种沟通媒介一种特性，以了解他人被感知为"真实的人"的程度。非语言线索的表现方式有视频（如面部表情、目光接触、摆姿势、手势、注视方向等），音频（如音量、音调、说话方式是否温和），触觉（如触摸、握手）和嗅觉（闻气味、身体气味）。他们假定：不同的沟通媒介，有不同的社会临场感程度，有些媒介的社会临场感（如视频）较高，而其他媒介的社会临场感程度较低（如音频），而这些不同的临场感对人们的互动有重要作用。

为了检验这些假设，Short 等（1976）设置了音频、视频和面对面三种情景，比较其沟通差异。相应地，被试者也分为三个组，每种情景对应一组，每组有两个被试坐在同一个房间，而第三个被试在另一个房间。在视频情景中，那个单独的被试能够看到另两个被试坐在桌子旁边的照片，而那两个在同一房间的被试则看到同伴的头和肩膀的照片。每个小组都分别使用对讲机、单声语音系统、多通道语音系统、视频系统和面对面交流的形式进行对话。社会临场感运用语义差异量表测量，询问被试者在不同情景中的感受：不易社交—易于社交，不敏感的—敏感的，冷漠的—热情的，不个性化的—个性化的。结果表明，视频组和面对面互动组没有显著差异，音频组显著低于两种视频组。他们得出结论，认为社会临场感与沟通效果具有相关性，并进一步指出团队协作能力对社会临场感极为重要。后来，Wheeler（2005）的研究也认为，当人们在时空分离时一起协作，那么社会临场感就能产生。

后来，这种基于媒介的沟通效果围绕有无非语言线索而产生了相反观点的争论（如前文所述）。这些研究使 Short 等（1976）提出的社会临场感理论得到进一步发展。基于上述成果，一些研究者认为参与者在线讨论，或仅使用文本，也能体现个人的性格，从而产生社会临场感（Swan & Shih，2005）。因此，用户的社会临场感和行为可以弥补被过滤线索的不足。这些新的研究成果重新激发了人们对社会临场感、CMC 和在线社交能力的研究热情。社会临场感已经成为在线沟通的核心思想。

社会临场感理论的研究根源于符号互动论（Blumer，1969）和人际沟通的社会心理学理论。媒介社会临场感（mediated social presence）的早期思想受到古典社会心理学家 George Herbert Mead（Mead & Moris，1934）的影响，特别是认为他人只是互动产生的一个象征性符号。符号互动论的核心观点就是从互动的个体中抽象出"一般化的他人"（generalized other）。符号互动论强调符号表征对社会现象的重要性，强调他人模式对我们看待社会的作用。在《远程沟通社会心理学》这本具有开创性思想的书中，Short 等（1976）直接吸收了一批受到传统社会心理影响的学者的思想，比如 Argyle（Argyle & Dean，1965；Argyle & Cook，1976）、Birdwhistell（1970）和 Mehrabian（1972）关于人际互动中非语言沟通作用的研究。Short 等认为这种理论思想为观察、解释和理解媒介互动提供了一种视角，使早期的社会临场感理论研究强调他人代表物的作用，强调通过媒介进行社会互动的能力，重视媒介沟通中语言和非语言线索的有无。

与社会临场感相关的理论有媒介丰富度理论、信息处理理论等。当使用媒体丰富度低（lean communication medium）的沟通媒介时，社会临场感不会立即产生。这时需要花时间来形成社会临场感。社会临场感与社交空间的形成是印象形成的核心。印象形成是一个社会认知过程，在这个过程中个人可以形成对其他人的个人印象，也就是说，群体开始相互认识（Walther，1993）。Walther（1992）的社会信息处理理论认为印象形成是由信息的不断积累促进的。这些信息可以是其他成员互动时的一个片断，它可以传递群体成员个人生活（自我表露）方面的信息，也可以传递个人的兴趣爱好、所拥有的知识和专业技能等信息。所有这些信息有助于建立个人印象。社会信息处理理论也认为群体成员可以适应媒体的限制，通过调整自身语言行为来实现没有非语言线索情景下的功能，比如形成人际印象，建立同伴的心智模式，以及通过感情交流培养关系（Danchak, et al.，2001）。如果在线合作学习环境中有突出的个人页面（personal profile pages），社群成员通过查阅合作成员的个人页面，在与他们沟通之前就可以建立个人印象。一旦他人的个人印象或心智模式形成，社群成员互动时社会临场感就会产生。

三　社会临场感的维度与测量

对社会临场感概念化后就需要对其进行测量，而不同的概念又会有不同的测量方法。到目前为止还没有一个被公认的测量标准，这可能是由于社会临场感还没有一个被普遍接受的概念。社会临场感测量方法主要有以下几种：

（一）主观报告测量

由于社会临场感是一种心理状态，所以主观报告是最常见的一种测量方法，但没有意见统一的测量标准，主要测量维度及量表总结如表2-3所示。

表2-3　　　　　　　　　　社会临场感测量方法

分类	测量描述	研究者举例
感知的媒体丰富度		
社会临场感（Short, et al., 1976）	用语义差异量表测量（Osgood, Suci, & Tannenbaum, 1957） 一些意义相反的形容词：不易社交—易于社交，不敏感的—敏感的，冷漠的—热情的，不个性化的—个性化的	Steineld, 1986；Rice, 1992；Sallnas, et al., 2000
社会临场感（Short, et al., 1976）	具有高度社会临场感的媒介应该具备热情、人性化、敏感、易于社交等特点（Short, et al., 1976）	Steineld, 1986；Rice, 1992；Sallnas, et al., 2000
	多重条件（面对面，音频/视频，只有音频，只有书写的文字）	
扩展的社会临场感（Ijsselsteijn, et al., 2000）	用语义差异量表测量，内容除了（Short, et al., 1976）"不易社交—易于社交，不敏感的—敏感的，冷漠的—热情的，不个性化的—个性化的"四对之外，还包括美学方面的内容：小的—大的，秘密—公开，无色的—色彩丰富，丑的—美的	
	七点李克特量表测量，与用户评论相吻合	

续表

分类	测量描述	研究者举例
感知的媒体丰富度		
声音的社会临场感（Lee & Nass，2001）	四个语句的量表测量计算机的声音："有多像真人和你说话""有多大程度涉入""有多生动""有多关注"	
卷入度、即时性和亲切感		
即时性、亲切感和卷入度（Burgoon & Hale，1987）	针对交谈中其他人是否卷入、感兴趣或产生情绪，用李克特七点量表测量即时性、亲切感和卷入度三个指标	Nowak，2000
	针对对话互动，测量互动双方是否会使谈话看起来肤浅或者在互动者中间是否会产生一种距离感	
媒介的即时性（Gunawardena & Zittle，1997）	用 Short 等（1976）的语义差异量表测量媒介的亲切感：社会临场感测量……体现了"亲切感"	
他人的社会判断		
社会吸引力：同质性（McCroskey，et al.，1975）	七点量表测量同质性，社会吸引力受到目的的调节	Choi，2000；Nowak，2000
	包括询问相关问题：感知其他人"是朋友"的程度，是"令人愉快的还是冒犯的"，参与者是否还想继续互动	
一个或者两个语句的测量		
在一起的感受（Hoet，et al.，1998）	被试通过一个需协作的在线游戏联盟进行互动 用两个语句的七点量表测量在一起的感受	
产品临场感：与产品在一起的感受		
消费者与产品互动的心理感知（Jungjoo Jahng，2000）	我可以非常容易地设想＊＊产品和所有它的特点	
	＊＊产品所有必要的特性/技术规范都可以生动地呈现	
	我能获得/理解所有产品的必要信息	
	出现的所有产品信息容易理解/处理	
	总体验就像我在实体店买产品一样（用五个语句的七点量表测量）	

资料来源：笔者整理。

（二）内容分析法测量

内容分析法是评价社会临场感强度的重要方法（Rourke，et al.，1999）。社会临场感的定义被操作化为三种行为类别：群体凝聚力（反映社群共同的社会认同和合作的行为意图）、开放式交流（反映沟通互动和目的性的本质）情感表达（反映为了建立人际关系，沟通时的社会情感要素）。群体凝聚力指标包括称呼（如叫参与者的名字）、使用代词（如称呼群体用"我们""我们组"）和交际与致意用语（如问候等）。开放式交流的指标包括持续地引用或明确地提到别人的信息，询问问题或获得反馈，称赞或表示感谢、同意等。情感表达指标包括情绪表达（如使用情感符号、夸张）、使用幽默（如反语、调侃、甜言蜜语、挖苦）和自我表露（如呈现个人生活的细节，表达弱点）。Garrison（2009）进行了详细的描述，认为社会临场感的这种操作化是一个过程中的三个阶段：一是获得社会认同；二是进行有目的的交流；三是建立关系。相应地，他对社会临场感进行了新的界定：参与者认同社群（如课程、学习）的能力，信任环境中有目的的沟通，以及通过突出自己个性的方式培育的人际关系（Garrison，2009）。从理论推断上，他首次给出了社会临场感这三个维度的测量语句，但未进行实证研究。

Carlon 等（2012）真正地完成了一项实证研究，发现社会临场感是一个两因子而不是三因子的构念。他们设计了社会舒适度和社会体验等因子。但社会舒适度因子实际上是另一个构念，代表着在线合作学习的总体友好度，而不是真正的社会临场感维度。表面上，这些语句看起来强调互动的舒适感（如对话、参与、互动、不同意、感激），但实际上并不是特定环境中的互动本身。

另外，行为测量在面对面互动研究中很普遍（Coker & Burgoon，1987），用来测量与卷入度、即时性相关的变量。一些口头文字性的或者非文字性信息内容（比如声音和面部表情的植入）可以实现社会临场感。这种假定的背后原因是由于行为指标的测量是直截了当的：如果用户参与社会行为 X 或者行为 Y，他们肯定能感受到别人的存在。行为指标的有无，或者一些行为变量的性质可以用来建构一个社会临场感的行为测量量表。尽管在人际沟通研究中对行为进行编码很普遍，但很少有研究用行为指标测量社会临场感。也有一些研究提出了生理心理测量法，用参与者生理心理指标来衡量社会临场感是一种客观测量方法，但很难有效实施。

（三）需要注意的问题

特别需要注意的是，社会临场感不是其他人"在或者不在"的二元变量，而是一个程度上有高低的连续变量。早期人际沟通方面的研究表明，即使在无媒介的互动中，社会临场感那种简单二元的"在或是不在"的概念都不能有效地描述对他人突出性和易接近性的感受。这种情形在社会心理学家 Goffman（1959；1963）原创性研究中表现得非常突出。一项追溯过去60年的研究表明，即使是身处另一个空间的人的想法或正被观看的其他人的建议就可以影响人的行为（Dashiell，1935；Wapner & Alper，1952）。可见，社会临场感不是一种客观事实，而是一种心理感受。别人能感知到的社会临场感会引起明显的心理反应，从而影响人们的行为。这种感知上的差异是社会临场感的基本要素，因为我们认为社会临场感的其他概念都是关注个人如何感知周围坏境的。可以通过各种各样的方法把社会临场感嵌入沟通媒介中，从没有社会临场感到有真人在场，社会临场感的作用是一个连续体。

四　社会临场感的影响因素

有很多因素会对临场感产生影响，本书结合文献，梳理总结为以下几个方面。

（一）计算机和沟通媒介因素

社会临场感的产生需要设计其他人的代表物，这种技术经历了一段很长的历史。最早可以追溯到第一块石头雕塑，它可以激发逝者活在先辈心中的感受。随着时间的推移，先进的媒体技术激活了这种社会反应（Reeves & Nass，1996）。由于人们对社会临场感体验要求的逐渐提高，高带宽远程系统（Lanier，2001）、语音界面（Yankelovich，et al.，1995）、社交机器人（Brooks，1999；Brooks，2002）和智能代理（Cassell，et al.，2000）等许多领域都要求开发各种各样的硬件和软件。

沟通媒介代表着以何种方式把来自虚拟环境中的信息传递到用户，又以何种方式把用户指令发送到虚拟环境中。沟通媒介对虚拟环境的描绘有很大差异。尽管虚拟环境可能设计成支持多样形式的互动，但沟通媒介实际上是用于互动的硬件。同样地，互动成分应该支持大范围的感官信息在虚拟环境中传送和接收，从而提高虚拟临场感（Barfield & Weghorst，1993）。近期的研究已经提供了更多的互动技术（手势、触觉手套、跑步机上行走、人体运动跟踪）。

媒介形态变量（media form variables）主要针对媒介可能达到的透明度，从而产生无媒介的错觉。为了产生和维持这种错觉，干扰和负面线索应该避免出现。这些负面线索和干扰情景包括：差的立体感（引起眼睛疲劳），视觉形象的扭曲，头盔式显示器的重量，过程中断（如新邮件的到达，故障、错误提醒等），明显的跟踪延迟，低的更新率，立体声阻塞等。此外，来自媒介环境的干扰会吸引用户注意力（如电话铃声），这些干扰可能会降低用户的临场感。一些普通的媒体对话，也会减少无媒介的错觉。一些普通媒体的对话，比如身份标志出现在屏幕角落里，可能会减少无媒介的错觉。一般来说，现实和媒介环境之间的无缝连接，可以提高令人信服的无媒介错觉。越来越多的影响因素得到了实证检验。与媒介有关的因素包括用户发起的仿真控制、立体感的展示、头部跟踪、视野、立体声、响应时间延迟、仿真程度等。进一步的影响因素还包括两个方面。一是感觉信息的保真度及数量。它是指有用信息和突出信息的数量，这种信息要与用户恰当的感觉相一致。比如生动性，是一种产生丰富媒介环境的技术能力，这种因素可以应用于互动和非互动媒体。二是传感器和显示器的匹配，比如音频和视频的实时更新。上述影响因素具体包括以下几种。

（1）宽度（breadth）：它是指可同时调动的不同感官维度的数量（Steuer，1992）。感官通道越多，产生的临场感越强（Sheridan，1992），这不仅是因为能够提供更多信息，而且由于个人会与外部世界更加融通（Witmer & Singer，1994）。

（2）深度（depth）：它指的是每种感官刺激的程度（Steuer，1992）。一般假定，如果某种感官对于特定任务必不可少，那么这种感官刺激越深，引起的临场感越强（Barfield & Weghorst，1993；Sheridan，1992）。

（3）分辨力（resolution）：它指的是所提供信息的连通性和连续性（Witmer & Singer，1994）。

（4）一致性（consistency）：它指的是环境允许个人预测下一步将要发生什么的能力（Witmer & Singer，1994），以及信息与想象中虚拟环境的整体感知相同步的水平。简言之，它指的是用户的行为不偏离，能够与虚拟环境相适应。

（5）动作、手势（motion）：它指的是虚拟环境中的动态对象和用户的移动性。根据 Witmer 和 Singer（1994）的研究表明，如果动作、手势融进虚拟环境，虚拟临场感将会提高。

（6）自我的代表物（self - representation）：它指的是在虚拟环境中用户的头像。可以假设，用户有一个逼真的头像，将会导致更高的虚拟临场感（Held & Durlach，1992）。Slater 和 Usoh（1993a，1993b）的研究表明，虚拟头像的存在可以维持临场感，对临场感有正向影响。

（7）速度（speed）：控制和显示的刷新率（Heeter，1992；Steuer，1992）会影响临场感。Barfield 等（1998）研究了视频显示的刷新率对虚拟临场感的影响，分别用 5Hz、10Hz、15Hz 和 20Hz 的刷新率，他们发现最低 15Hz 的刷新率对于虚拟临场感的产生是必要的。

（8）范围（range）：交互性的范围指的是能被操控的媒介环境属性的数量，以及每种属性可能的变异量（Steuer，1992）。Witmer 和 Singer（1994）、Zeltzer（1992）也赞同这一定义，并假定影响和改变虚拟环境的能力越大，产生的临场感就越强。

（9）描绘（mapping）：它指的是用户根据直觉描绘虚拟环境适应自然或违背自然技术的能力。一般认为更好的描绘能力会导致更强的临场感，因为个人不一定知道如何按照期望控制自己的行为。

（10）社会化或社交（social）：虚拟临场感受到知晓我们存在于

虚拟环境中的他人的影响，并做出反应（Heeter，1992）。直观上说，虚拟环境中的人和事物如果知道你的存在，并与你进行互动，那么你就有理由相信自己在环境中具有更强的临场感。

（二）用户特征因素

无论硬件或仿真技术有多好，最后取决于用户个人对信息的感知和解释。用户特征对临场感有显著影响，但还没有引起相应的重视。用户特征包括用户知觉、认知和运动技能（比如对立体感、晕动病的敏感以及注意力），过去的体验和对媒体体验的期望。分配足够的注意力资源给媒介环境，也认为是临场感的重要组成部分。相关的个人特性可能因用户的年龄和性别有差异。Huang 和 Alessi 指出不同的心理健康条件，像郁闷、焦虑或精神错乱等，都可能会影响个人的临场感。显然，这些明显影响着人们对周围环境的体验。

（1）适应性（adaptability）：指的是个人适应新环境的速度，比如去新农村、体验旅游的新形式等。Slater 和 Usoh（1993a）是在一项虚拟环境中的虚拟化身研究中偶然发现这个因素的，他们发现临场感与变化的适应性是高度负相关的，快速适应者相对于较慢的适应者而言，可以很快地注意到周围的环境，从而更多地发现虚拟环境中的缺陷，最后产生低水平的临场感。

（2）经验和实践（experience and practice）：Held 和 Durlach（1992）、Loomis（1992）和 Heeter（1992）认为虚拟临场感将会随着经验和实践的增加而提高。直观上说，身处以前的一种环境可以更容易让你相信自己在那里。另外，熟悉度正向影响临场感（Barfield & Weghorst，1993）。

（3）积极性（motivation）：个人与环境互动以及接受环境的意愿都会对临场感有着重要影响。这可以概括为用户参与积极性。研究认为，更强的积极性会导致更强的临场感，并分配更多的注意力（Witmer & Singer，1994）。

（4）注意力资源：有研究表明，分配到虚拟环境中的注意力资源越多，用户产生的临场感就越强（Barfield & Weghorst，1993；Draper, et al.，1998）。Witmer 和 Singer（1994）研究了真实和虚拟环境中的注意力分配，发现个人会运用选择性注意力，忽视真实世界的刺激，而关注虚拟环境的刺激。

（5）虚拟头像（avatar）的认同：虚拟头像在虚拟环境中可以被用户作为第一人称（仅能看见自己的地方），或者第二人称（当你看见满满的头像时）（Heeter，1992）。Held 和 Durlach（1992）认为，在前一种情形下，虚拟头像在外表上与用户越相似，对头像的自我认同就会提高，从而提高虚拟临场感。即使在第二种情况下，当用户看见满满的头像时，也会感受到强烈的临场感。

（三）文本线索的多样性和非语言线索

产品信息描述的丰富性和精确性会提高虚拟购物体验的现实感。媒体中的沟通线索或信号经常传递一些微妙的信息要素（Tu，C. H. & McIsaac，M. S.，2002）。社会信息处理理论认为同一种媒介可以感知为信息贫乏，也可以感知为信息丰富，这取决于沟通过程中有效线索的总体数量。沟通线索可以是讲述，也可以是文本（Cheshin，A.，Rafaeli，A.，2011）。在虚拟环境中，大多数传统的店内模拟是没有发挥作用的，而文本中的描述性线索可以提供强有力的替代模拟，可以引起购买者对产品精确的心理想象。Walther，J. B.（1992）认为身体线索（physical communication cues）的存在，如手势、面部表情以及文本中其他描述性线索，在消费者形成产品形象中起着重要作用。特别是，很多关于沟通心理的研究都强调线索多样性的重要作用（Walther，J. B & Tidwell，L. C.，1995；Xu，D. J.，et al.，2012）。线索的多样性可以提高沟通质量；文本中的丰富线索能够让消费者想象详细、精确的产品形象，从而减少网站与消费者间的心理距离。Klein（2003）发现文本线索丰富的网页内容可以提高虚拟体验感知的互动性，从而提高在线体验的现实感。Eroglu 等（1993）认为感知模拟的程度可以提高网站的感知丰富度和互动性，这也是远程临场感的两个维度。Cheshin 等（2011）发现文本中的文字线索在表达情感方面（如生气和愉快）是很有效的。Song 和 Zinkhan（2008）指出，在顾客与销售代表的在线聊天文本中使用个性化线索，可以提高感知互动性。因为沉浸在虚拟购物环境中，购物者会有更强的空间现实感

（Fiore, et al., 2005）。因而一般认为，文本中线索数量越多，远距临场感越强。

文本线索的增加也能提高与虚拟环境中社会实体之间关系的感知。根据 Xu 等（2012），社会情景较少的媒介会让人产生较大心理距离，而线索的多样性将会促进心理的亲近感。沟通心理学家已经指出，尽管其他人不在线上，但大量的线索可以引起其他人在场的感受（产生临场感）。其他消费者丰富、生动的产品评论或者经验信息，可以引起经验上的同步性感知，这可以促进产生社会临场感（Yadav, M. S. & Varadarajan, R., 2005）。

一些研究者认为，传统零售的环境线索对购物者有影响，相应地，在线环境中这种线索也会有相应的影响。Menon 和 Kahn（2002）发现消费者在线购物体验的愉悦程度影响购买行为。Eroglu 等（2001）提出了一个研究模型，研究表明在线商店的气氛线索，如陈列内容、美学设计等，以情感和认知状态为中介变量，从而影响在线购买行为。Eroglu 等（2001）也认为在线购物体验固有的氛围会影响人们对网站的接受和使用，实现满意、重复购买和访问，并愿意花时间在店铺中停留，这与实体零售环境对各种购买心理和行为的影响是相似的。尽管在线购物体验的最终目标与传统店铺体验很相似，都是为了获得产品和服务，但是也有一些不同（Roy, et al., 2001；Yoon, 2002）。一般来说，主要的不同包括：①缺乏促进信任的实体线索（physical cues），比如实体建筑、工作人员等；②消费者对损失减少或敏感数据违规的感知；③仅依靠视觉和听觉，不能亲身接触了解产品；④在线店铺有较低的进入和退出壁垒。

在线购物体验中，交易行为需要跨越时空距离。很多文献把这种时空的分离称为反嵌入（dis-embedding）（Brynjolfsson & Smith, 2000；Giddens, 1990）。研究表明，反嵌入不利于消费者信任，抑制了在线购物的发展与增长（Riegelsberger, et al., 2003）。为了说明这些消极影响，Riegelsberger 和 Sasse（2001）和 Riegelsberger 等（2003）介绍了一种称为"虚拟再嵌入"（virtual re-embedding）的处理过程，把一些社会线索（比如照片、视频、语音和文本等）整合进在线设计中，社会化被嵌进在线购物体验中。在相关研究中Steinbrück 等（2002）发现虚拟再嵌入，特别是通过照片图像的使用提高了在线信任，提高了社会临场感，促进了像面对面交流一样的虚拟互动。

以前的研究考察了计算机沟通的社会心理影响，并与面对面沟通进行了比较。研究发现，既然非语言线索可能促进对与性别、年龄、身份有关的社会情景的理解，那么缺乏非语言线索的计算机沟通在沟通效果上就有可能受到影响（Bordia，1997；Cyr, et al.，2007）。Simon（2001）在网站社会临场感的研究中，认为网站应该是信息丰富并以顾客为导向的，具有丰富资讯的社会临场感可以减少不确定性、增加信任，从而鼓励消费者购买。Hassanein 和 Head（2006）在研究中发现，服装网站中用户感知的社会临场感越高，对卖主的信任水平就越高。有研究显示，较短语音记录的使用可以增进理解（Bishop & Cates，2001）。声音能够传递如声调、语速、时机和沉默时间等非语言沟通线索。这种非语言沟通或者副语言能够提高异步计算机会议的社会临场感（Mayer, et al.，2003；Mehrabian，1962；Mehrabian，1981；Moreno & Mayer，2002；Tu & McIsaac，2002）。

还有内容因素，涉及内容包含主体、客体、事件。个人进行内容互动的能力、用户表现对临场感有影响。社会因素，比如用户对其他参与者行为的反馈对社会临场感的产生也很重要。另外，任务或活动的意义也对临场感产生影响。

五　社会临场感的后向效应

（一）对在线信任的影响

在线商店日益盛行，但许多在线商店并没有成功。研究表明，一个最大原因是消费者对网店缺乏信任。任何提高消费者信任水平的工具对于电子商务来说都是重要的（Wang & Emurian，2005）。很多学者认为社会临场感就是这样一种潜在工具，认为社会临场感是在线信任的前因，并通过实证研究证实了显著性的存在，即社会临场感正向影响在线信任（Cyr, et al.，2007；Gefen & Straub，2004；Hassanein & Head，2004）。在线社会临场感被认为是用户感知到网站人性化的、易于社交的、敏感的成分（Gefen & Straub，2004；Short，et al.，1976）。在这个宽泛的定义下，社会临场感可以来源于社会化内容丰富的文本和激发情感的描述，也可以来源于互动性很强的在线聊天。人们可以认为，对在线信任需求越大，对在线商店社会临场感的投入就应越多。在电商环境中，社会临场感常常作为一种工具，促进用户与顾客服务代表之间的互动（Qiu & Benbasat，2005）。但是，必须注意的是，社会临场感工具多种多样，比如个人的照片，或者一段描述性的社交文本（Hassanein & Head，2007；Qiu & Benbasat，2005）。社会临场感最极致或可视形式的例子是在线聊天框。Andrzej Ogonowskia 等（2014）以用户在线聊天框的形式，研究了社会临场感对在线零售商信任形成的影响，结果表明社会临场感不仅影响对网站的初始信任，而且影响参与者娱乐以及网站的感知有用性。

（二）对感知有用性和娱乐的影响

社会临场感被当作一种沟通手段，借以提高用户对网站有用性的感知，这种关系已经在一系列相关研究中得到了证实（Gefen & Straub，1997；Karahanna & Straub，1999；Straub，1994）。Hassanein 和 Head（2007）认为社会临场感可以促进用户与电子商务网站间的沟通，感知有用性与社会临场感水平正相关。武瑞娟（2014）的实证研究也发现，网店临场感对消费者网店使用态度有显著正向影响；在网店临场感与消费者态度关系中，认知愉快起完全中介作用；在网店临场感和认知愉快关系中，网店有用性起调节作用，网店易用性不起调节作用。在娱乐与临场感的关系上，Hassanein 和 Head（2004）证实了在线环境中这两个构念之间的显著正相关关系，现有研究对此还没有提出质疑。

（三）与互动的相互影响

在线协作学习研究中，所有的对话交流大多都是通过不同步的讨论板块和同步聊天等文本沟通形式进行的（Frederik Van Acker，et al.，2014）。在这种环境中社会临场感与群组成员的参与和互动程度有关，因而被认为是学习的一个重要变量（Picciano，2002；Koh，et al.，2007；Yang，et al.，2007；Goggins，et al.，2009）。Tu

（2000）把社会学习理论与社会临场感结合起来，认为社会临场感需要提高社会互动，它是社会学习的主要工具。并且因为社会临场感对保持高度的在线社会互动非常重要，所以它是大学在线学习社区课程记忆和最终成绩的重要预测指标（Liu，et al.，2009）。而且，社会临场感与学习效果和群组成员的满意度有关（Gunawardena & Zittle，1997；Garrison & Arbaugh，2007）。赵宏霞等（2015）基于临场感的视角研究了 B2C 网络购物中在线互动对消费者信任的影响，结果表明消费者与网站的互动、消费者之间的互动能增加消费者的空间临场感，消费者在线与卖方的互动、消费者之间的互动能增加消费者的社会临场感。

（四）对价值感知和网站黏性的影响

Tucker 和 Zhang（2010）论证了在线交易中买方和卖方数量的显示能够改变 B2B 的列表清单和购买行为。吕洪兵（2012）研究了网络环境下社会临场感对顾客网站黏性的影响机理，结果表明社会临场感可以细分为意识社会临场感、情感社会临场感和认知社会临场感三个维度，它们分别通过功利价值、信任和享乐价值等中介变量间接影响顾客对网店的黏性倾向。赵宏霞等（2015）的研究表明，消费者产生的空间临场感能增加消费者对 B2C 网店能力的信任，消费者产生的社会临场感能增加消费者对 B2C 网店诚信和善意的信任。然而这些研究的实践意义还存在局限，因为它们只是从宏观层面研究了虚拟临场感对消费者行为的影响，并没有深入研究虚拟临场感的微观形成要素（如呈现的具体内容）的影响。

六 社会临场感的研究应用领域

随着网络及合作应用的增加，社会临场感理论的形成和成熟将有助于人们理解媒介环境中的社会行为，研究者也可以预测和测量媒介界面及沟通方式的差异，从而为新的社会环境下媒介设计和运用提供指导。社会临场感作为一种有用的理论和测量方法，主要研究和应用在以下几个领域。

（一）通信沟通系统的设计应用

互联网是一个社会化的场所，很多关系以及越来越多的互动都是以远程通信系统为媒介的。随着网络带宽的提高、更高的移动性、更加沉浸式的设计，可以提供接入现实与虚拟环境的感受，比如远距临场感。大多数的远程沟通带宽能够获得令人满意的、高效与他人接近的感受，可以在虚拟环境中获得实实在在的思想、情感、临场感（Pew，2002；Fischer，1988）。由于人类是社会人，空间临场感的共同目标是提高社会临场感。

组织沟通方面的研究表明，人们可以选择媒介来更好地处理一些受到社会临场感影响的活动（Rice & Case，1983；Steinfield，1986；Palmer，1995）。用户可以通过媒介在更宽泛的活动范围内，来利用社会临场感来处理问题，包括了解认识别人、交换信息或产品，解决问题、做决策、交换意见、产生想法，解决冲突或者保持友好关系。

（二）社会临场感技术绩效的评价

不断发展的网络界面被设计成远程用户进行社会沟通的媒介。这些沟通系统和界面设计日益提高了人们用于协同工作的人际沟通（Weiming，2001）、教育（Hazemi & Hailes，2001；Steeples & Jones，2002）、社会服务和电子商务绩效（Save，et al.，2001）。虽然这些技术各不相同，但有一个共同的目标就是提高社会临场感。社会临场感技术进步的例子主要包括：①通过媒介协同的工作环境（代替面对面的互动）；②移动和无线沟通；③高带宽远程会议；④基于代理的电子商务界面；⑤语音界面；⑥3D虚拟环境。

（三）在社会认知和人际沟通领域的运用

不像现实环境，虚拟环境的社会沟通依赖于较少的、有约束的社会线索。生动的人—机界面也能够让人从很少的社会线索中产生强烈的、无意识的社会反应。比如，由于计算机特性而产生社会反应，即使用户非常清楚计算机仅是一个没有情感或社会属性的机器。这种虚拟环境是一种试验性质的设置，用以探索人类社会反响的极限以及对各种线索的反应（Reeves & Nass，1996；Loomis，et al.，1999；Blascovich，2001）。

社会临场感理论以心理机制为基础，并由此进化而来（Premack & Premack，1996）。社会临场感理论的形成与发展，需要解释人们是如何根据他人的身体或动作所提供的身体线索和沟通线索，自动地对社会线索进行反应，并形成或模拟"他人心智"的心智模式（Gordon，1986；Dennett，1987，1996；Carruthers & Smith，1996；Premack & Premack，1996）。

社会临场感理论可以洞察非语言人际沟通的本质。由于人们具有与他人建立联系的基本需要，这可以更好地理解人们是如何满足这种相互关联的感受（sense of mutuality）。这种感受加强了人际沟通的基础，也成为建立共同点的先决条件。社会临场感也关注非语言行为（其中很多都留意原始的冲动和直觉）是如何在维持人际关系活动中发挥作用的。

（四）在电子商务中的运用

把社会临场感运用在电子商务环境中是非常适合的，因为与线下购物相比，在线网店店主和消费者之间的互动受到限制（Cyretal，2007）。电子商务是指通过远程网络共享商业信息、维持商业关系并引导商业交易（Zwass，1996）；网络沟通技术产生了大范围的价值链活动（Applegate，et al.，1996）；计算机网络的使用可以使组织、代理商和顾客知晓各种需求，并进行信息搜寻以支持组织和个人决策（Kalakota & Winston，1996）。电子商务系统可以根据商业关系分为B2C、B2B和组织内部系统（Applegate，et al.，1996；Zwass，1996；Shaw，et al.，1997）。Riggins（1999）认为电子商务应用有五个维度的特点：互动、时间、距离、产品和关系，有三个价值标准：效率、效能和战略。

电子商务从不同的角度来看有不同的特征，但有一个共同点是在以计算机或通信为媒介的虚拟环境中，通过跨越时空距离展示产品信息以及买卖双方互动沟通，从而使消费者更好地做决策。从这个角度来看，电子商务需要两个重要概念：信息和沟通。信息反映了与产品的互动（买方与产品），而沟通则是与对方进行互动。因而，电子商务环境中涉及两种类型的互动：消费者与产品间的互动、买卖双方间的互动。结合这两种类型的互动，提出电子商务环境两种不同的特征或维度：社会临场感和产品临场感。

Jungjoo Jahng（2000）将电子商务环境中的社会临场感界定为：互动时买方感知到卖方实际存在的程度。产品临场感是指互动时购买者感知到产品实际存在的程度。他指出，人们在不同情形下产品临场感和社会临场感需要的程度不同，并将电子商务环境分为四种：简单环境、体验环境、社会化环境、丰富环境；相应地产品类型也分为四种：简单产品、体验产品、社会化产品、复杂产品。因此，电子商务环境的设计应该满足消费者产品选择任务的需要。尤其是产品临场感和社会临场感应该与用户决策所需要的程度相对应。复杂产品需要更多的社会临场感和产品临场感，但对简单产品而言，如果提供了太多的社会临场感和产品临场感，反而产生分心从而导致更少的满意度。

七　小结

本节对社会临场感的概念、起源与发展、维度、测量、影响因素、后向结果以及研究领域等相关文献进行了详细的整理。整体上，学界对社会临场感的研究已经取得了丰硕的成果，但仍然存在一些不足。

第一，社会临场感作为一种理论已得到广泛接受和应用，但作为一个变量，其影响前因和后向效应还有待进一步丰富和完善。在影响前因中，主要研究了不同沟通媒介的差异（即媒介形态变量）、用户个人特征因素以及笼统的线索多样性的影响，对于同一种媒介下不同文本内容的影响研究较少。在后向效应中，现有研究主要集中于临场感对购物网站信任、黏性、享乐性的影响，但对网站的信任不等于对网站中特定品牌产品的信任，临场感对具体品牌产品的信任和购买意愿的研究还比较欠缺。

第二，社会临场感在国内的学术研究与应用亟须加强。随着互联网技术及电子商务的发展，临场感理论已经得到了国外学者的广泛重视和大量研究。但在国内，特别是在商业领域，相关研究还很少，缺乏应有的关注。

本书把临场感作为一个重要的研究视角、指导理论和中介变量来研究，有助于丰富国内外相关研究，也有利于促进国内学界对这一领域的重视。

第四节　自我—品牌联结相关研究

一　品牌的概念

在 19 世纪中期，随着消费商品的大规模生产，企业开始培育品牌以区别不同的产品和物主身份。品牌最初只是烙印在包装上的名称或标志，以把一个产品与另外的产品区别开来。美国市场营销协会对品牌的定义是"一个名称、术语、标志、符号、图案或它们的集合，用以识别一个销售者的产品或服务，并把它们从竞争者产品或服务中区别开来"。然而，现代品牌的内涵远远超出了简单的名称或标志，已经承载着丰富的社会、文化和个人含义，因而，它们也成为强有力的营销工具（Fournier，1998；McCracken，1986）。很多学者从与品牌名称和标志紧密相连的品牌资产的角度来理解，比如品牌意识、品牌忠诚度、感知质量、品牌权益和品牌联想（Aaker，1996；Keller，1993）。在这些文献中，有一部分是从个人和社会层面来研究消费者与品牌的关系（如 Fournier，1998；Muniz & O'Guinn，2001）。

这些概念的核心都提到品牌不仅是一个外部的名称或标志，而且包括消费者心智中差异化的知识结构和心理联想，它们受到个人体验（如我有多喜爱这种品牌的产品？）和文化环境（如什么类型的人使用这个品牌？）的影响。人们会以品牌含义及其与自我的相关性来选购品牌产品（Tucker，1957）。这种以消费者为中心的方法假定消费者与品牌的关系由一组联想构成，这些联想以消费者对品牌多维度解释为基础。Swaminathan 等（2009）发现人们使用品牌来构建自我概念，并在未来的潜在伙伴面前呈现一种理想自我。品牌可以帮助消费者进行自我表达。一般来说，品牌标志着一种社会地位和人生的修养，用以与他人区分，或与别人相关，或提升自我尊严（Banister & Hogg，2007；Escalas & Bettman，2005）。人们可以通过品牌与一个新的群体进行连接沟通（Piacentini & Mailer，2007），也可以排斥对自尊有不利影响的品牌和产品（Banister & Hogg，2003）。

二　消费者—品牌关系

消费者会与品牌建立不同类型的关系（Escalas & Bettman，2005；Fournier，1998）。Fournier（1998）认为品牌关系是一个由六个维度构成的构念，除了品牌忠诚或品牌承诺之外，还有各种消费者—品牌关系：①自我—概念联结；②承诺或依恋；③行为上的相互依赖；④挚爱；⑤亲密；⑥品牌伙伴质量。消费者与品牌关系的形成途径与人际关系的形成是相似的（Fournier，1998）。像人际关系一样，消费者品牌关系的形成需要时间，并以消费者与品牌间的多次互动为基础（Escalas，2004）。在这些互动（如使用品牌产品）以及其他有媒介的品牌接触（如在电视中看到品牌的商业广告）期间，品牌联想就开始形成并储存在记忆里。因此，品牌对消费者的潜在影响根源于记忆中有关品牌的联想类型、强度和效价，这些品牌联想可以导致消费者与品牌关系的形成（Fournier，1998）。

在相关文献中，有两个相关的概念可以更好地理解消费者与品牌的关系。Fournier（1998）引入了自我—概念联结（self - concept connection）。"它用来反映一个品牌能够表达个人自我重要方面的程度，是消费者的独特自我与品牌对消费者的象征含义之间的关系"（Swaminathan，et al.，2007）。即使在负面品牌信息和事件情景下，强自我—概念联结也会对品牌态度有积极作用（Ahluvalia，et al.，2000；Fournier，1998）。Swaminathan 等（2007）认为消费者与品牌之间的关系形成可以基于个人或群体水平的关联。他们指出，当个人想表达独特身份时，在独立型自我建构的品牌态度形成中，自我—概念联结显得非常重要。尽管人们能够建立不同类型的品牌关系，但形成长期联结的品牌一定被认为与个人的自我概念（self - concept）在形象和价值上保持一致（Sirgy，1982）。自我概念是指"个体关于自己作为客体的思想和感情的总和"（Rosenberg，1979）。人们挑选品牌时，会考虑品牌含义并感受到品牌与个体的自我同一性（self - identity）相关（Tucker，1957）。自我同一性是指个体将自身动力、能力、信仰和历史进行组织，纳入一个连贯一致的自我形象中，具有自我一致的情感与态度，自我贯通的需要和能力，自我恒定的目标和信仰（Marcia，1987；Penuel & Wertsch，1995）。

另外一些学者引入了一个类似的概念：自我—品牌联结。Escalas（2003）提出了自我—品牌联结这一概念。Moore 和 Homer（2008）在此基础上，把自我—品牌联结界定为"在消费者与给定品牌之间存在的一种有意义的个人联结（personal connection），可以使品牌与个人的自我概念紧密相连"（Moore & Homer，2008）。品牌通过品牌价值和联想，可以帮助消费者阐明自我概念以及与其他个体的关系（Bettman & Escalas，2003）。品牌体验和长期消费者—品牌关系已经被企业规定为最优先的任务（Lehmann & Keller，2006；Prahalad & Ramaswamy，2004）。

三 自我—品牌联结

如前所述，品牌对消费者的潜在影响根源于记忆中有关品牌的联想类型、强度和效价，这些品牌联想可以导致消费者与品牌关系的形成（Fournier，1998）。有时品牌联想可以来源于品牌价值、稳定性和便利性等功能质量。但有些学者认为，当一个人认同品牌并把品牌与自我建构联系起来时，一种最强有力的高层次的联想——自我—品牌联结就可以形成。虽然人们可以与品牌建立不同类型的关系，但与品牌形成长期关系就要求相应品牌具有符合个人自我概念的联想和价值标准（Sirgy，1982）。当自我—品牌联结存在时，品牌就超出了功能性需求的范畴，能够充分地满足消费上的心理需求（Bhattacharya & Sen，2003；Escalas & Bettman，2003）。因此，在关系形成期间，一些品牌与个人的身份直接相关。也就是说，自我—品牌联结构念是指消费者把一个特定品牌融入其身份，比如认为这个品牌是我或者我想成为的人的一部分（Escalas，2004）。

有一些因素会促进强自我—品牌联结的形成。既然自我—品牌联结与个人的自我概念相联系，所以这些联结对每个人、每个品牌来说都是独特的。比如，当品牌的形象、个性和消费者的品牌体验直接相关，并且这个品牌满足了消费者的心理需求时，自我—品牌联结就会形成（Escalas，2004）。品牌因为能够构建、维持和沟通自我，从而满足消费者的心理需求。Bhattacharya 和 Sen（2003）认为人们可以通过品牌的使用来区分自己与他人，因为自我—品牌联结能够满足他们与特定社会群体一致的需求。他们的研究发现，当消费者感到一个品牌与自我形象一致时，品牌联结就形成了。Escalas 和 Bettman（2003）认为参照群体是品牌联想的一种来源，其研究表明，消费者的自我心理表征与成员群体和崇拜群体所使用的品牌有关，因为他们可以通过使用这些品牌来界定和培养自我概念。而且，成员群体和崇拜群体的品牌使用影响消费者自我—品牌联结的程度，取决于消费者属于该成员群体或希望成为崇拜群体的程度。对于具有自我提升目标的消费者来说，崇拜群体的品牌使用显著影响自我—品牌联结；对于具有自我验证目标的消费者来说，成员群体具有较大影响。

研究者常用社会认同理论解释参照群体对自我—品牌联结的影响（如 Escalas & Bettman，2003；Swaminathan，et al.，2007；White & Dahl，2007）。参照群体对品牌态度和选择有直接影响（Duhachek，et al.，2007；Sirgy，1982；Wooten & Reed，2004）。当与参照群体互动时，一个消费者使用某个品牌，就意味着在为这个品牌背书，也就表明这个消费者愿意与同样消费这个品牌的其他消费者联系在一起（Grubb & Hupp，1968；Lam，et al.，2010）。参照群体包括内群体（成员群体）和外群体（含渴望群体、规避群体和中性群体）（White & Dahl，2006）。内群体或成员群体是指消费者属于其中一员的群体。品牌形象与内群体一致时会导致更高的自我—品牌联结（Escalas & Bettman，2003）。外群体是指一个人不归属于其中的群体，由渴望群体、中性群体和规避群体构成。渴望群体是一个人希望成为其中一员的群体，可以是一种职业（如大学教授），可以是种族群体、性别群体、年龄群体甚至是国籍群体。如果一个社会群体被社会上大多数人认为是梦寐以求的，那么这个群体就可以成为一种社会参照，可以代表很多东西，包括品牌（Aaker，et al.，2000；Grier & Deshpande，2001）。

Berger 和 Heath（2007）发现，消费者不会使用形象与非成员群体一致的品牌来构建和表达自我，即形象与规避群体一致的品牌不太可能被消费者用于构建自我。而且，人们会避免与规避群体的成员交往（Jackson，et al.，1996）。White 和 Dhal（2007）研究发现，比起一般情况下的外群体，消费者对于与规避群体相关联的品牌有较弱的自我—品牌联结和较消极的品牌评价。特别是，当品牌象征性较强时，消费者对这类品牌的自我—品牌联结更弱，品牌评价更消极。White 和 Dhal（2006）研究了规避群体对消费者偏好的影响，研究发现：如果一种产品容易让人们联想到规避群体，人们对这种产品的评价比中性产品更低，从而降低选择意愿。从消费者角度看，消费者会尽量避免那些具有消极象征含义的产品（Banister & Hogg，2004），以及避免那些他们认为消极生活方式的产品（Lowrey et al，2001）。杜伟强等（2009）的研究发现，当规避群体大量使用某品牌时，消费者会感知到品牌形象与规避群体一致；当成员群体大量使用某品牌时，消费者会感知到品牌形象与成员群体一致。

Yujie Wei 和 Chunling Yu（2012）研究了中国消费者中的参考群体是如何影响自我—品牌联结的。研究结果表明，中国消费者对成员群体和渴望群体使用的中国本土品牌会产生更强的自我—品牌联结；但在规避群体情景下，对外国品牌产生更强的自我—品牌联结。同时发现，个人主义和集体主义在参照群体对自我—品牌联结的影响中起到调节作用。对于与内群体形象一致的品牌来说，相对于个人主义的消费者，集体主义的消费者会对中国本土品牌（而不是外国品牌）展现出更强的自我—品牌联结。对于与规避群体形象一致的品牌来说，相比于集体主义的消费者，个人主义的消费者会对外国品牌（而不是中国品牌）产生更强的自我—品牌联结。

自我一致性理论认为消费者偏爱那些品牌形象与他们的自我概念一致的品牌（Childers & Rao，1992）。这种一致性程度越高，消费者就越会产生更积极的情感（如挚爱、自豪、欢乐），对广告也会有更积极的认知反应，购买意愿也会提高（Chang，2008；Mehta，1999）。自我—品牌联结受到其他人或参照群体的影响（Escalas & Bettman，2003，2005；Sirgy，1982；Swaminathan，et al.，2007；White & Dahl，2006）。消费者—品牌联结（consumer - brand connections）可能涉及三种参照群体：成员群体、渴望群体、规避群体（Yujie Wei & Chunling Yu，2012）。因为人们通常会认可某个品牌的某些方面（Escalas & Bettman，2005），所以购买了特定品牌的消费者会认为自己与那些消费相同品牌的消费者相似，而与那些在品牌含义上有冲突的品牌的消费者不同（Escalas & Bettman，2003，2005）。

通常来说，人们会更乐于与那些能定义和帮助他们构建自我概念的品牌保持更强的联结（Sirgy，1982；Sprott, et al.，2009）。而且，消费者—品牌联结可以在个人和群体两个水平上形成（Swaminathan, et al.，2007）。比如，一个美国消费者与一个外国品牌（如奔驰小汽车）建立了强联结，可能反映了一种个人水平的独特认同（如自我概念联结），但与本土品牌（如福特汽车）建立强联结，可能是一种基于群体水平的、爱国的国家认同（如品牌原产地联结）。从这个角度来看，自我—品牌联结不仅取决于品牌和自我认同，而且还取决于对个人消费者很重要的参照群体的意见（Yujie Wei & Chunling Yu，2012）。一些研究表明，自我—品牌联结形成的过程可能并不需要什么知识努力。Escalas（2004）发现广告叙述过程会促进自我—品牌联结的形成，比如特定品牌赞助的广告。这项研究表明，自我—品牌联结可以不需要大量的认知资源，多少有点自动形成的意味。因而，人们可以在简单的品牌接触（如偶然的品牌曝光）期间形成自我—品牌联结，只要品牌满足了消费者某种程度的自我定义的需要。自我—品牌联结可以有一个时间跨度，从以前年轻时自己的怀旧情感到当前和未来的渴望自我（Kleine, et al.，1995）。尽管人们建立不同类型的品牌关系，但形成长期联结的品牌一定被认为与个人的自我概念（self-concept）在形象和价值上保持一致（Sirgy，1982）。有学者已经提出"企业如何通过营销活动培育理想的消费者关系"这样的研究问题（Keller & Lehmann，2006）。现有研究文献已证实了广告、客户服务、品牌共创、在线资源对消费者—品牌关系建立的影响（Elmira Bogoviyeva，2009）。

一些学者在说服情景下研究了自我—品牌联结的后向效应，结果表明自我—品牌联结能够影响消费者的态度和行为。强烈的自我—品牌联结对积极的品牌态度和购买意愿有正向影响（Escalas，2004；Moore 和 Homer，2007）。在 Escalas（2004）的研究中，被试看了几个广告文案，发现自我—品牌联结的强度与品牌态度和购买意愿有正向关系。也就是说，当参与者形成了强烈的自我—品牌联结时，他们更有可能积极评价品牌，并购买广告中的产品。相似地，Moore 和 Homer（2007）的研究也发现，自我—品牌联结与品牌态度间有正向关系。

四　小结

尽管以前学者对自我—品牌联结的研究已经取得了丰硕的成果，但文献梳理和分析发现，现有研究还存在一些不足，具体如下。

第一，以往研究主要从参照群体的角度来研究他人身份对自我—品牌联结形成的影响，但参照群体并不等同于身份的相似性和模糊性。相似性具有不同的维度，比如态度相似（Byrne，1971）、人口统计特征相似（Hitsch，et al.，2010），还有偶然性相似（Jiang，et al.，2010）。而且，相似性有程度上的强弱之分，模糊性也不对应参照群体中的任何一种。顾客身份的相似性是否是形成自我—品牌联结的一种来源，对自我—品牌联结有着什么样的影响，现有研究对这些问题的探讨还很少。

第二，自我—品牌联结作为一种象征性的心理需求，对购买意愿具有重要影响。但在在线购物环境中，消费者如何将功能性需求与象征性需求相结合，现有研究对这一心理路径的揭示还不够。

因此，基于身份相似性效应和自我—品牌联结领域现有文献的研究局限，本书将开展一项研究，探讨身份相似性对自我—品牌联结和购买意愿的影响。

第五节　文献述评

文献整理发现，顾客在线产品呈现及其效应还是一个比较新的研究领域，相关研究还存在明显不足。

第一，现有关于在线产品呈现的文献大多是以商家为主体进行的产品展示，对以顾客为主体进行的产品呈现研究很少。在互联网新技术和社会化商务日益发展的背景下，这种以顾客为主体的在线产品呈现已经成为新的营销现象、营销资源和营销手段，理论上亟须给予关注和深入研究。在呈现方式上，现有文献主要依据产品的呈现顺序、动态静态、图片大小、产品属性等进行分类，而以呈现内容的不同来分类和研究的还很少。顾客在线产品呈现如何根据呈现内容分类，对潜在顾客购买意愿有什么影响，其作用机制是什么？这些问题亟须得到理论上的关注。

第二，有关产品呈现方式对临场感和购买意愿影响的研究不足。现有信息呈现的研究主要根据信息线索格式的不同进行分类，比较了文字、图片、音频、视频等方式对临场感的影响。比如现有研究已表明，文字线索、图示线索和视频线索对临场感的影响有递增的关系。但很少有研究根据信息内容的差别来比较其对临场感的影响。产品呈现的内容中是否有产品消费场景，是否有顾客在场等，这些因素对临场感有着怎样的影响，进一步对潜在顾客购买意愿又有何影响。现有研究并没有回答。明确产品呈现效应及其机理将有助于引导顾客和品牌支持者合理、有效地进行产品呈现，有利于营销管理者在线监控和引导顾客晒单。

第三，有关顾客身份效应的研究不足。首先，目前顾客身份相似性效应的影响机理还不甚清晰。现有文献主要以互动意愿、积极情绪、建立信任等变量为中介，这些并不能完全反映消费者购买品牌产品时的象征性需求动机。因此，顾客身份相似性效应的中介变量有待进一步研究。其次，关于身份模糊性效应的研究还存在意见相左的争论。有研究认为模糊性会导致不相似的推断，从而产生较低的说服力；而另外的研究又认为模糊性会因为自我参照而得到与身份相似顾客等价的说服力。那么，身份模糊性效应到底如何？在中国消费者情景下又有什么样的结果？现有研究需要继续深入。基于此，以身份的相似性和模糊性为自变量，研究其对自我—品牌联结的影响，既可以探讨相似性对购买意愿的影响机理，也可以补充自我—品牌联结形成来源的研究成果。

第四，自我—品牌联结作为一种象征性的心理需求，对购买意愿具有重要影响。但在这一影响过程的研究中，将产品的功能性需求结合起来共同作用于购买意愿的研究较少。顾客身份相似性效应不应分离出产品因素而单独讨论，产品呈现效应也不应分离出消费人群因素而单独讨论。因为消费者在购买特定的品牌产品时，很可能既需要了解产品的外形、质量和功能，也需要关注该品牌及其他消费者身份是否与自我概念相符。本书在网购环境中，把产品呈现和顾客身份呈现结合起来，研究产品临场感和自我—品牌联结的交互效应，从而弥补相关研究的不足。

第五，社会临场感作为一种理论已被广泛接受，但作为一个变量，其影响前因和后向效应研究还有待进一步丰富和拓展。特别是从临场感视角出发，在线产品呈现方式影响消费者心理和行为的机理还不甚清晰。因此，探讨顾客在线产品呈现及其效应和作用机制，不仅是电商平台应用实践的需要，也是对社会临场感理论的丰富和拓展。

第三章

相关理论基础

第一节 刺激—有机体—反应模型

消费者购买行为复杂，很多学者关注消费者行为背后的心理活动过程和影响因素。从心理学角度研究消费者行为是学术界研究的主流范式，总结出了一些被广泛认可的消费者购买行为机制和模型。在本书的研究中，顾客在线产品呈现被看作是对潜在顾客的一种刺激，刺激物包括呈现的产品和呈现者的身份。因此，刺激—有机体—反应模型是一种有效的指导理论，可用于解释消费者在线购买的心理和行为。

一 刺激—反应模型

"刺激—反应"模型（S—R）由行为心理学的创始人 Watson（1913）建立，他认为人类的复杂行为可以被分解为刺激和反应两个部分。刺激来自身体内部的刺激和体外环境的刺激两方面，反应总是随着刺激而产生的。基于这一理论，Howard 和 Sheth（1969）提出了消费者行为领域的刺激—反应模式，如图 3-1 所示。

该模式把消费者购买行为模式归纳为五个构面：外在因素、投入刺激因素、知觉、学习和行为结果，其中知觉和学习属于消费者内在心理过程。Howard 和 Sheth（1969）认为尽管消费者购买行为的影响

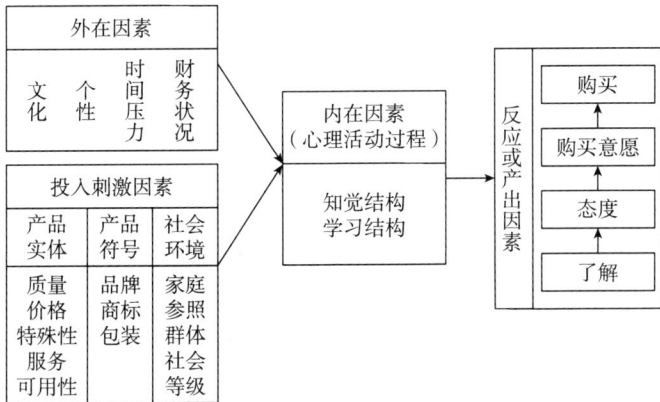

图 3 - 1 Howard 和 Sheth 消费者刺激—反应模型

因素非常多且复杂，但都可以从消费者心理的刺激—反应过程来分析，认为所有的这些刺激，特别是产品实体刺激、产品符号刺激和社会环境刺激被消费者接收以后，经过一系列认知和情感心理活动，就会产生购买商品或者拒绝购买的行为反应。

后来美国营销学者 Philip Kotler 从营销的角度构建了消费者购买行为的"刺激—反应"模型，具体如图 3 - 2 所示。

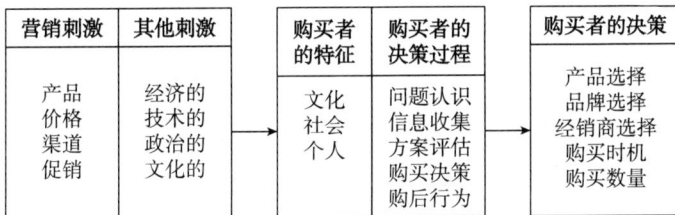

图 3 - 2 Philip Kotler 的购买行为"刺激—反应"模型

这一模型把营销刺激和环境刺激这两大类因素纳入消费者的分析框架，整合了消费者性格特征和购买决策过程。其中，营销刺激包括营销组合 4P，其他环境刺激包括经济、技术、政治、文化等方面的因素。消费者在受到这些因素的刺激后，经过消费者的信息处理，产生与之相对应的行为反应。该模型认为人的行为完全可以用刺激和反应来进行解释，但没有考虑人的内心活动过程，认为这一部分是"黑箱"，所以这种模型也被称为"刺激—黑箱—反应"模型。

二 刺激—有机体—反应模型

上述心理学的刺激—反应模式将个体的内心活动当作一个"黑箱"而不加以研究，忽视了个体内部的心理活动过程。随着心理学的发展，在 20 世纪 30 年代后新行为主义者修正了 S—R 模式，在刺激与反应两个过程之间增加了一个中介变量 O，形成 S—O—R 模式。S（stimulus）代表导致个体反应的刺激，O（organism）代表有机体或反应的主体，R（response）代表刺激导致的反应。Belk（1975）将这种模式应用到市场营销中，提出了消费者的刺激—有机体—反应模型，如图 3 – 3 所示。

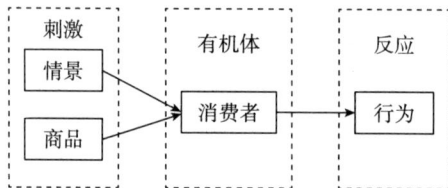

图 3 – 3 Belk 的 S—O—R 模型

刺激—有机体—反应模型常用于理解消费者在零售环境中的情感、行为反应（Donovan, et al., 1982; Hitchon, et al., 1994; Tai, et al., 1997）。该模型认为环境线索的刺激会影响人们的认知和情感反应，进而影响人们的行为（Mehrabian, et al., 1974）。刺激指的是能够影响人们内心状态的外部因素（Eroglu, et al., 2001），主要由营销组合变量和其他环境输入构成（Bagozzi, 1986）。有机体是指"在从人受到外部刺激到最后产生行为反应的中间，进行的内部过程和结构干预"（Bagozzi, 1986）。在经典刺激—有机体—反应模型中，有机体代表着愉悦、觉醒和支配，能够反映个人的情感、情绪和认知状态与过程。而且，个体的有机体（反应）在受到的刺激和行为反应中起到中介作用（Mehrabian, et al., 1974）。反应是指个体的最终产出和决定，包括趋向行为和规避行为（Donovan, et al., 1982; Sherman, et al., 1997）。其中趋向行为代表着积极的行为，比如愿意使用和购买（Bitner, 1992; Mehrabian, et al., 1974）。

在 S—O—R 架构的基础上，许多学者对零售环境的各类要素，如产品展示、商店环境、销售人员仪态等，进行了深入的探讨，在此基础上提出了不同的分类框架。Eroglu 等（2001）首次将该模型应用于在线零售情境中，提出了一个针对在线零售环境的 S—O—R 模型，如图 3 - 4 所示。

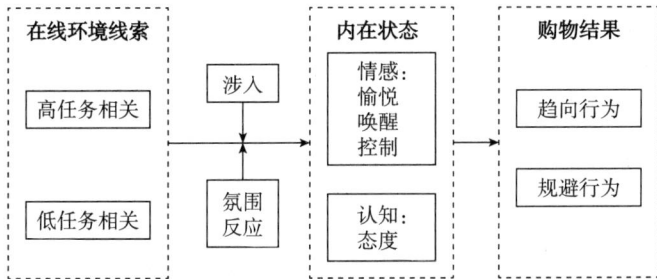

图 3 - 4　Eroglu 等在线零售环境中的 S—O—R 模型

Eroglu 等（2001）按照在线环境要素促进顾客完成购物目标的程度和增加购物娱乐与体验要素将在线商店的刺激因素分为两类：任务相关度高的要素、任务相关度低的要素，进而分析后续影响。

第二节　社会认同理论

一　社会认同理论的内涵

社会认同理论（social identity theory）是在社会心理学领域研究群体过程和群体间关系的一种理论，由 Henri Tajfel 于 20 世纪 70 年代创立。Henri Tajfel（1978）认为，人们在自我认同和社会认同的基础上建立自我概念。自我认同或个人认同包括天赋、能力和社交能力等个人素养，以及作为个体别人如何看待他们（Hogg & Abrams，1990）。Tajfel（1978）认为社会认同是个人自我概念中的一部分，它源于个人对一个或几个社会群体成员关系的认知，以及与这种成员关系有关的价值和情感意义。因而，社会认同指的是个人如何根据他们的社会群体成员关系来看待自己，以及这些成员关系在定义他们的自我概念上的重要性（Hogg & Abrams，1990）。个人的认同（individual's identity）与其所在的社会群体的特征以及社会认知过程有关，在特定群体中，其成员的行为模式和特点应符合相应群体的特征（Abrams & Hogg，1990；Hogg & Terry，2000）。

人们希望通过自我认同来获得自尊，渴望在自己所在的社会群体中得到积极认同（Tajfel，1981；Turner，1982）。Elsbach（1999）认为社会认同是与特定社会群体有关的个人认知，或者是个人认同与群体认同相统一的感知。社会认同过程提供了一种社会环境的认知间隔，为人们定位、界定自我和他人建立一种规则（Ashforth & Mael，1989）。社会认同理论主要关注个人的自我概念在群体间（intergroup context）是如何形成的，以及人们如何在复杂的社会归类系统中找到自己的社会位置（Hogg & Terry，2000）。社会归类的标准及其对社会认同的影响，有助于人们通过与典型群体内成员的比较来维持和提高自尊（Billig & Tajfel，1973；Hogg，Terry & White，2005）。

社会归类和自我提高的社会认知过程决定着个人的社会认同（Hogg，et al.，1995）。社会归类产生了有区别的群体思想和观念，也就在群体内、外形成了群体边界。自我提高引导着个人的社会归类过程，并定义群体规范以支持典型的群体内成员。在明显的内群体和外群体之间进行比较，个人将会倾向于支持内群体，在这个过程中，个人的自我概念得到增强（Hogg & Terry，2001）。

运用群体的思想来形成社会认同是成为特定群体成员的先决条件。因为成员关系可以被接受，群体成员关系就会有利于自我形象和自我满意，反过来，这些又定义着个人的自我认同（Tajfel，1978）。自我认同是突出与群体有关的、个人相信自己拥有的群体特征

（Tajfel & Turner，1985）。这样，通过对特定群体成员关系的记忆和持续思考，自我认同把个人和群体连接起来，并促进现有身份的演变（Brown & Humphreys，2002）。

社会认同有三个方面：认知、评价和情感（Tajfel，1978；1981）。认知方面（cognitive facet）包括个人作为群体成员的知识或认知；评价方面（evaluative facet）是个人作为群体成员是否有积极或消极的内涵；情感方面（emotive or affective facet）是个人对他人关于群体成员关系的情感的看法。情感维度也被认为是个人与群体的情感联系（Van Dick，et al.，2005）。

社会认同理论假定，作为一种差异化的途径，人们用独特的群体特征来界定自己，并用这些特征与其他非群体成员关系的特征进行比较（Tajfel & Turner，1985）。根据社会认同理论，群体成员关系影响人们的行为主要有以下三个假设（Tajfel，1978；1981）：第一，人们会依据社会群体来界定和评价自己；第二，人们会依据在一个社会群体中主观的地位来决定对自己社会身份正面或负面的看法；第三，外群体成员可以为内群体成员的声望评价提供参照系。特别是社会认同理论假定，人们努力建立或提升正面的自尊，并以社会群体成员关系为基础，维持一种正面的社会认同；人们会努力获得相对于外群体的、受欢迎的内群体认知（Tajfel & Turner，1979）。

社会认同的形成有三个潜在的过程（Hogg & Terry，2000）。首先，建立社会认同是减少不确定性的需要，也就是说，个人面临着一种必须决定自己角色的主观情景，并采取某种方式体现这种角色。其次，人格解体，个人由于认同某典型群体成员，进而被相应群体所吸引。人们把自身和他人分成内群体成员和外群体成员两个不同的社会类别，这说明个人与相关内群体或外群体原型的感知相似性，是他属于某社会群体的认知表征（cognitive representation）。最后，社会群体的内部结构由群体成员感知的实际典型性来决定。

社会认同的中心思想是人们对内群体成员表现出有意义的偏好。社会认同研究者认为，采纳以社会认同为基础的态度和行为，取决于感知到的群内其他成员在态度上的支持（Johnston & White，2003）。

社会群体规范本质上与特定社会情景中群体的成员关系有关，因为群体内成员的行为是相关的（Johnston & White，2003）。但每个人都属于多个社会群体，社会群体成员不可能在所有情景中都只有某种特定的行为（Deaux，et al.，1995）。社会认同理论通过探索情景与相应行为的关系来解释这种复杂性。根据社会认同理论，情景因素和相应的社会归类显著影响特定的社会认同（Cameron，2004）。Turner 等（1987）将这个过程称为自我归类的转换：符合个人行为和社会感知的自我概念发生短暂改变。当某种社会身份凸显时，个人的自我概念就会转变，其行为也将由凸显的社会群体规范来引导（Fielding，et al.，2008）。

总之，社会认同理论表明，特定社会群体中的成员关系能够影响成员的态度、行为和情感，他们所处的情景和所受刺激会提醒他们属于哪一个群体（Tajfel & Turner，1985）。人们所属的每一个社会群体都会提供态度和行为上的群体规范（Billig & Tajfel，1973；Hogg，et al.，1995）。群体成员把自己看作所在群体的代表，从而展现他们相应的态度、行为和情感（Maldonado，et al.，2003）。这种现象常常通过自我刻板化（self-stereotyping）的过程发生，当人们把群体的刻板印象整合到他们的自我概念中去时，这些刻板印象也就开始影响他们的自我感知和行为了（Turner，et al.，1987）。

二 自我归类理论

自我归类理论是社会认同理论的一个分支，由 John Turner 在与 Henri Tajfel 共同创立社会认同理论之后，于 20 世纪 80 年代中期发展而来。社会认同理论聚焦于社会归类的目的，而自我归类理论则聚焦于个人把自己归类为特定社会群体从而获得社会认同的过程（Turner，et al.，1987）。特别是自我归类理论研究社会归类如何通过原型的运用（the use of prototypes）去人格化，进而产生一种基于群体的社会认同（Turner，et al.，1987）。自我归类的过程是把自己同化为特定内群体成员的一种原型（prototype），这种原型使个人失去自我概念（Hogg & Terry，2000）。

根据自我归类理论，一个内群体由其成员来界定，当有几个或更多的人感受到自身在同一个社会类别上相互联系时，内群体就会出现（Turner，1982）。一个人的自我类别存在三种抽象水平：个体次要水平（相对于其他个体）；群体成员中间水平（与群外成员相比）；人类的高级水平（Van Dick，et al.，2005）。个人在当前情景下对社会认同的响应能力是自我归类理论的中心。根据社会认同理论，个人的认知系统取决于不确定性减少和自我提升动机（Hogg & Terry，2000）。当面临的形势需要自我提升并减少不确定性时，认知系统就会把有效的社会类别与当前社会情景的属性相匹配，并激活社会归类（社会群体），使社会情景和个人的联系最有价值（Tonjia Simmone Coverdale，2010）。

每个人都属于很多社会类别，这些社会类别一般留存于个人的记忆中，在特定的情景互动中能够被随时调取出来。这些类别有的因为习惯而长期使用（如频繁地运用个人自我概念的某些方面的社会类别），要么根据特定情景的需要才使用（当个人感受到某种情景刺激时才突出的一种类别）（Hogg & Terry，2000）。社会认同理论假定，不同的社会情景会让人们根据个人、家庭和国家等不同水平上的自我概念进行思考、感觉和行为（Kleine & Kernan，1993）。情景因素会激发特定的身份，从而影响个人的认知、情感和行为（Lam，et al.，2010；Markus & Kitayama，1991）。

社会类别与当前社会情景的匹配方式有结构性匹配（structural fit）和规范性匹配（normative fit）（Hogg & Terry，2000）。结构性匹配是指与当前社会情景匹配的社会类别强调人与人之间有重要意义的共性和差异；而规范性匹配是指与当前社会情景匹配的社会类别涉及群体内成员在特定情景中的行为。一旦最佳的情景—类别匹配（category - context fit）被激活，这种类别的特征、行为和态度就开始把人们组织起来成为相应情景的有重要意义的原型（这种原型一般被存放在个人记忆中，以备未来激活、使用）。自我归类去人格化并使个人体现出特定情景下凸显的社会群体原型，而不是一个复杂的、多维度的人（Hogg & Hains，1996）。

当个人特质与当前情景相结合，原有身份特征解体时，某种特定的社会归类就会凸显出来（Lantz & Loeb，1998）。情景的力量强度（contextual strength）取决于个人、内群体成员、外群体成员之间的感知差异。当个人与群体内成员之间的差异最小，与群体外成员的差异最大的时候，突出的社会群体人格特征就会解体（Turner，et al.，1987）。这种现象也叫自我刻板化（self‐stereotyping），它让人们感受到自己是特定社会群体的一种代表，而不是一个独特的人。在自我归类中，群体内成员建立了一种具有群体内成员特点的原型，这种原型可以同时使群体间差异最大，使群体内差异最小（Hogg，et al.，1990）。根据内群体成员原型的维度进行自我分类，个人可以按照原型来同化自己，并采用符合他们社会身份的集体自我概念（collective self‐concept），来代替他们的个体自我概念（individual self‐concepts）（Hogg & Williams，2000）。这种自我归类（selfcategorization）和人格解体（depersonalization）的过程，激励群体内成员根据群体内其他成员在群体原型方面的相应体现来对他们进行认同（Hogg & Hains，1996）。

典型（prototypical）群体内成员的特征是广泛地共享群体内成员的观念。这些观念是社会比较和对比的基础，群体内成员为了得到认同，必须共同拥有这些观念（Hogg & Williams，2000）。一旦群体内成员积极地看待典型成员，他们就会把这些特征内化为群体标准，并调整他们的态度与这些标准的预期保持一致（Hogg & Terry，2000）。

三　社会吸引假说

自我归类理论和社会认同理论衍生出来的社会吸引假说（social attraction hypothesis）为人格解体和基于原型的态度采纳过程提供了一个更为详细的分析。根据社会吸引假说，对于根据情景而形成的社会群体而言，更具典型性的群体内成员更让人喜欢（Hogg，1987，1992，1993）。也就是说，与典型成员的共享理念保持一致，并体现相应特征、态度和行为的成员将会更受人欢迎。当一个典型的原型在双方同意的情况下已经建立起来时，那些更具典型性的人会被喜欢，并且所有成员都会显示出非常典型的倾向，群体成员间的社会吸引就会出现（Hogg & Terry，2000）。

如果典型性程度是连续的，群体成员离凸显的群体原型越近，他（或她）就越会被其他群体成员认为具有吸引力（Mastro, et al., 2005）。根据社会吸引假说，个人会因为他们很好地体现了典型的群内成员而比那些显示独特个性的人更受欢迎（Hogg, 1993）。

总之，根据社会认同理论及其内在的自我分类理论和社会吸引假说，一旦外部刺激出现，个人的某种群体成员身份被激活，并与相应情景匹配，这时个人的特定身份就会出现，并能得到相应群体的社会认同。另外，具有高度典型性的群体成员更会受到其他群体成员的欢迎和喜爱。这些理论可以作为顾客身份呈现对潜在顾客购买意愿影响研究的理论基础。

第三节　媒介丰富度理论

一　组织信息需求的动因

媒介丰富度理论起源于组织沟通研究，由 Daft 和 Lengel（1986，1988）在前人的基础上发展而来。对于组织为什么需要信息，需要什么信息，很多学者进行了大量的研究。其中第一个原因是为了减少不确定性（reduce uncertainty）。Galbraith（1973）从信息处理的角度，在综合 Burns 和 Stalker（1961）、Woodward（1965）、Hall（1962）、Lawrence 和 Lorsch（1967）的研究基础上，最早提出这一推理。不确定性是指信息的缺乏（Tushman & Nadler, 1978；Downey & Slocum, 1975）。Galbraith（1977）认为不确定性是"完成任务所需要的信息数量与组织拥有的信息数量之间的差异"。面临高度不确定性的组织需要询问很多问题，获得更多信息，才能解决问题。它也可以是指"解决问题所需要的数据与已有数据之间的差距"（Trevino, et al., 1990）。不确定性可以通过收集更多数据来降低。Galbraith（1973, 1977）认为组织特征和行为不同，所需要信息也不同。一系列文献为这种关系提供了支持。Tushman（1978, 1979）、Van de Ven 和 Ferry（1980）、Daft 和 Macintosh（1981）和 Randolph（1978）的研究表明，任务的多样性和信息的数量是正相关的。Van de Ven 等（1976）发现随着参与者相互依赖性的增加，各部门间的沟通也会增加。很多其他研究也发现，信息的数量和种类与任务的不确定性紧密相关（Meissner, 1969；Gaston, 1972；Bavelas, 1950；Leavitt, 1951；Becker & Nicholas, 1969）。

第二个原因是减少模糊性（reduce equivocality）。Weick's（1979）认为减少模糊性是组织信息处理的根本原因。模糊性看起来与不确定性相似，但有一些区别。模糊性是指一种信息刺激可能会有多种相互冲突的解释，也就是意思模棱两可、含混不清（Weick, 1979；Daft & Macintosh, 1981；Russ, et al. , 1990）。Mintzberg 等（1976）发现在模糊性的情形下，管理者可能做出相反的决定。当有高度的模糊性时，新的数据不但不能确定任何事情，还可能是让人混淆的，甚至增加不确定性。这时，管理者就应协商，最后制订共同的解决方案。针对模糊性不同的任务，应该选择不同的媒介。Lengel 和 Daft（1984）指出面对面的媒介应优先用于模糊的任务，而书写的媒介则用于明确的信息。这些发现表明，当模糊性较高时，组织需要管理者面对面的快速信息反馈，并规定更少的解释规则（Weick, 1979；Daft & Weick, 1984）。

为了减少不确定性和减少模糊性，组织或管理者需要进行信息处理。Daft 和 Lengel（1986）认为减少不确定性和减少模糊性是组织信息处理的两种互补力量，依据这两个因素，建立了模糊性/不确定性情景中的信息需求的分析框架，如图 3 - 5 所示。这个框架把信息需求分为四个象限：高模糊性，低不确定性；高模糊性，高不确定性；低模糊性，低不确定性；低模糊性，高不确定性。组织结构设计可以促进模糊性减少，提供数据可以减少不确定性，或者两者同时都需要，这取决于组织的需要。

在第一象限（高模糊性，低不确定性）中，管理者需要通过交换意见以达成一致，从而澄清容易混淆的问题。特别是当模糊性高，不确定性低时，管理者可以依靠他们过去的经验以及自己的判断，通过正式的意见交流，来减少模糊性，找到共同的解决方案。

高 模 糊 性 低	Ⅰ 高模糊性，低不确定性 　偶尔有歧义，事件不清楚，管理者界定问题，制定共同的语法，收集意见	Ⅱ 高模糊性，高不确定性 　很多歧义，事件不清楚，管理者界定问题，也寻求答案，收集客观数据，交换意见
	Ⅲ 低模糊性，低不确定性 　清晰、明确的情形，管理者几乎不需要答案，收集例行的客观数据	Ⅳ 低模糊性，高不确定性 　很多、明确的问题，管理者要回答很多问题，寻求明确的答案，收集新的定量数据

低　　　　　　　　　　　不确定性　　　　　　　　高

图 3 - 5　模糊性和不确定性情景中的信息需求框架

在第二象限（高模糊性，高不确定性）中，管理者不仅对问题知之甚少，而且在如何处理上也有分歧。这种情形下，管理者需要新的信息和判断以减少模糊性和不确定性。

在第三象限（低模糊性，低不确定性）中，管理者一般可以理解问题，不需要交换意见，澄清解决问题的方向。这种情况往往包括日常的工作，它已经由标准和政策来进行界定。

在第四象限（低模糊性，高不确定性）中，管理者为了找到负责任的解决方案，在决定之前需要额外信息。不确定性迫使管理者获取更多数据；而模糊性导致管理者交换意见，以界定问题并找到解决方案，而不是依赖于获得更多数据。

二　信息丰富度和媒介丰富度

由于任务情景中可能的主要问题是表达不清，即模棱两可，而不是数据数量的缺乏。因此，管理者的方法应该是减少模糊性，对情景的看法达成一致意见，这代表着信息处理的一种新的重要路径（Daft & Lengel，1986）。Galbraith（1973）、Tushman 和 Nadler（1978）所做的相关研究表明，提供适当数量的信息可以减少不确定性。Daft 和 Lengel（1986）在此推论的基础上进一步提出，可以通过提供适当丰富度的信息来减少模糊性。信息丰富度（information richness）是指信息在一个时间间隔内改变理解的能力（Richard L. Daft；Robert H. Lengel，1986）。那些能及时解决不同意见或者澄清模糊问题的沟通交流被认为是信息丰富的。信息丰富度低是指需要长时间的

沟通才能理解，或无法克服不同的理解。从某种程度上说，丰富度是
一种沟通了解的能力。

　　媒介对于沟通信息的传输能力存在明显差异（Lengel & Daft
1988）。就像管道的物理特性限制着被传送物体的种类和数量一样，
媒介的物理特性限制着被传递信息的种类和数量。媒介丰富度
（media richness）就是衡量媒介具备某些特性，能传递某些类型信息
的能力指标（Daft, et al. , 1987）。影响沟通媒介丰富度的特性包括：
①同时处理多种信息线索的能力；②促进快速反馈的能力；③建立一种
个人关注的能力。Lengel 和 Daft（1988）根据这三条特性，把各种媒介
分成不同的层级，媒介丰富度层级如图 3 -6 所示。

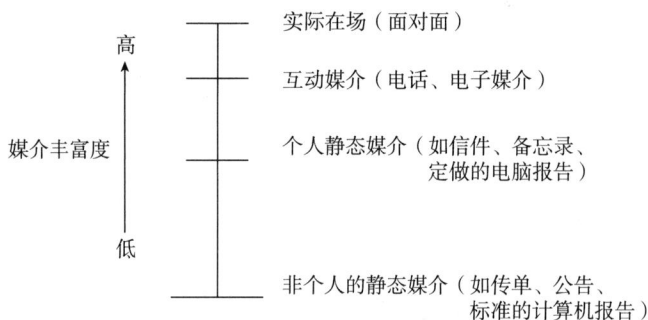

图 3 -6　媒介丰富度层级

　　面对面是丰富度最高的媒介，因为它具有直接体验、处理多种信
息线索、快速反馈和个人关注的能力。面对面的讨论能够吸收广泛的
线索，对信息有情感上更深入的理解。互动式的电子媒介可以快速反
馈，但由于不在现场，眼睛接触、注视、脸红、点头、姿势以及其他
身体语言被排除在外。因而，电子媒介达不到面对面沟通那样高的丰
富度。书面媒介（written media），像备忘录、备注、报告，可以引起
个人的关注，但传递的线索有限，反馈也较慢。非个人的书面媒介
（包括传单、公告、标准的计算机报告）的丰富度是最低的，不能提
供对接收者个人的关注，信息线索有限，而且无法反馈。Lengel 和

Daft（1984）认为高丰富度媒介（Rich Media）有利于管理者解决分歧，提供处理复杂问题和主观信息的能力，因而能够促进模糊性减少。而低丰富度媒介（Media of Lower Richness）只能处理很少的线索和有限的反馈，不适合解决模糊的问题，但低丰富度媒介可以有效处理很好理解的信息和标准数据。

媒介作为一种沟通工具应与所需要的信息类型匹配，恰当的媒介选择可以提高沟通效果，而错误的媒介选择可能会扭曲信息的本意（Lengel and Daft，1988）。他们把沟通情景从常规到非常规分为不同的类型。非常规沟通很大程度上存在误解的可能，因为它具有模糊性，可能会有意外状况。异常事件是这种沟通中的一种典型，沟通双方不能用日常的参考标准来处理。而且，个人情感和主观信仰会影响信息的解释。非常规信息（nonroutine messages）需要丰富的信息交流来减少模糊性和不同的意见，从而使沟通双方达成一致意见。相比之下，常规沟通（routine communications）比较简单、直截了当，合乎逻辑，没有意外，可以用以前建立的日常参考标准来处理。因而，常规沟通不需要丰富的信息交流，就能让双方达成共同理解。基于这种丰富度匹配思想，Lengel 和 Daft（1988）提出了媒介选择框架，如图 3-7 所示。

	常规	沟通情景	非常规
富 媒 介 丰 富 度 贫	**Ⅰ 沟通失败** 　数据过多。富媒介用于常规信息。线索过多引起混淆和多余的理解		**Ⅱ 有效沟通** 　因为富媒介与非常规信息匹配，所以沟通成功
	Ⅲ 有效沟通 　因为媒介丰富度低与常规信息匹配，所以沟通成功		**Ⅳ 沟通失败** 　数据贫乏。贫媒介用于非常规信息。线索太少，不能获得复杂信息

图 3-7 媒介选择框架

他们认为沟通媒介的丰富度由沟通情景是常规还是非常规来决定。有效沟通是一个匹配过程；媒介丰富度应该根据信息任务的性质来选择。当用富媒介（rich media）沟通非常规信息或用贫媒介（lean media）沟通常规信息时，沟通就会成功。而当用富媒介传递常规信息或用贫媒介传递非常规信息时，沟通就会失败。

三　社会化媒体及其信息丰富度

从上述内容可以看出，富媒介不但可以提供大量信息，减少不确定性，也可以提高信息丰富度，减少模糊性。

（一）社会化媒体的定义和分类

社会化媒体（social media）是一组建立在 Web2.0 思想和技术基础上的互联网应用，可以创建和交换用户生成的内容（Kaplan & Haenlein，2010）。他们依靠一套媒体研究的理论（社会临场感、媒介丰富度）和社会化的过程（自我呈现和自我表露）这两个社会化媒体的重要成分，对社会化媒体进行了创新性的系统化分类，主要分为六类，具体如表 3 – 1 所示。

表 3 – 1　　　　　　　　　　社会化媒体分类

		社会临场感/媒体丰富度		
		低	中	高
自我表现/	高	博客	社交网站（如 Facebook）	虚拟世界（如第二生命）
自我表露	低	合作项目	内容社区（如 YouTube）	虚拟游戏世界

（二）社会化媒体的功能模块

Kietzmann 等（2011）把社会化媒体分为七个功能模块：身份识别、对话、分享、临场感、关系、声誉和群组。这些不同的功能模块有各自的作用，不同的社会化媒体在这些模块上表现也不一样，相关企业也应该在此基础上提出适合自身企业发展的社会化媒体的监控、理解和反应策略。下面就与本书的研究问题直接相关的几个功能模块进行介绍。

（1）身份识别功能。这个模块代表用户在社会化媒体设置中揭露自己身份的程度，包括姓名、年龄、性别、职业、籍贯等刻画用户的公开信息。Kaplan 和 Haenlein（2010）认为，用户身份经常通过诸如思想、感情、喜好等主观信息有意或无意的自我表露来展现。因此，用户和社会化媒体网站有各种各样自我表露的选择权和目的。许多人参与在线活动时用他们的真实姓名，而一些有影响的社会化媒体专家则用昵称。有很多社会化媒体平台需要用户建立个人档案。由于身份是很多社会化媒体平台的核心，这意味着对于开发或参与社会化媒体网站的企业而言有一些基本应用。用户愿意在社会化媒体上分享他们的身份资料，然而并不意味着他们不关心自己的隐私。事实上，用户非常关注第三方（代理公司）如何使用他们的信息作为数据挖掘和监督的来源（Kietzmann & Angell，2010）。

（2）临场感功能。这个模块代表着与其他用户沟通或接近时用户能够感受的程度，它包括了解其他人在哪里，在虚拟世界还是在现实世界里，以及他人是否真实可信。由于人们的移动互连日益增长，这种临场感连接着真实和虚拟世界。朋友圈允许用户分享他们的状态更新，有利于用户获得更强的临场感。有些情况下，这直接关系到同步交互的欲望，是否通过声音还是共享数据。如果用户更愿意在实时环境中，那么社会化媒体平台应该提供这种临场感。平台也可以调查用户是否愿意选择临场感，从而提供可视或者隐身功能。当然，临场感的应用也与其他功能模块的应用有关。

（3）关系功能。这个模块代表着用户与其他用户相关联的程度，通过"联系"两个或更多的用户形成某种社群，促进交流，分享交流目的，哪怕是偶遇或者只是简单地列为好友或粉丝。因为有关系模块的应用很多，我们可用社会网络理论的两个工具：结构和流动性（Borgatti & Foster，2003；Granovetter，1973）来解释不同关系特征的重要性。

（4）声誉功能。这个模块是用户在社会化媒体背景下用于确立对别人也包括对自己的立场，具有不同的含义。在大多数环境下，声誉是一种信任，用户生成的信息决定着可信度。在社会化媒体中，声誉不仅指人，还包括他们的内容，常用内容表决系统来评价。比如在YouTube上，视频的声誉可能基于浏览数或收视率，而在Facebook上依赖于"点赞"等。某些社会化媒体平台，人们仅能浏览被具有共同利益的用户过滤了的内容。一些志趣相投的人通过在网页上点"大拇指向上"或"大拇指向下"来更好地匹配偏好。声誉对于企业如何有效地应用社会化媒体具有显著意义。如果企业和用户重视他们声誉的价值，将会制订提供这种信息的方案。

（5）群组功能。这一模块代表着用户可能形成群组和亚群组的程度。一个网络的社会化程度越高，好友、粉丝和群组的规模就越大。一种被广泛讨论的关系—群组标准是 Dunbar 数，由人类学家 Robin Dunbar（1992）提出，认为人们有一种认识上的制约，即他们能够与他人维持稳定社会关系的数量是 150 人。但在社会化媒体环境下，很多社群大大超出了这个数量，并且为用户提供管理成员关系的工具。有两种主要的群组类型：第一，对他们的好友、粉丝、追随者进行分类，可设置为不同的群组（如微博列表）；第二，在线群组可以与线下进行类比，对任何人开放、关闭或保密。比如 Facebook 有群组，管理员可以通过批准申请、邀请他人加入等方式管理群组。群组的直接应用很简单，它能够让社群以分组的方式把用户集合起来。

另外，还有对话功能和分享功能。总之，社会化媒体在媒介丰富度方面具有强大功能，已经成为人们自我呈现、产品呈现的便捷平台，也成为企业与消费者沟通的良好渠道。

第四章

研究模型和假设提出

第一节　研究模型和变量界定

一　研究模型

在社会化商务环境中，消费者越来越通过其他顾客的呈现来了解自己不熟悉的品牌和产品，从而形成购买意愿。为了回答"什么样的顾客、以什么样的方式进行产品呈现会引发潜在顾客更强烈的购买意愿？"这一问题，本书按照"现实顾客呈现的刺激→潜在顾客心理→潜在顾客行为反应"的路径，对刺激变量、中介变量、调节变量和结果变量之间的关系进行逻辑推演和假设发展，构建了本书研究的理论模型，称为"顾客晒单效应理论模型"，如图 4 – 1 所示，以研究顾客在线产品呈现对潜在顾客购买意愿的影响及其作用机理。

顾客在线产品呈现可被看作是对潜在顾客的一种刺激，刺激物是呈现的产品和呈现者的身份，因此，刺激—有机体—反应模型（S—O—R）能够作为本书研究的一个基础指导理论。该理论认为环境刺激会影响人们的内在状态从而激发他们的行为反应，也就是说，人们的内在状态在环境刺激对行为反应的影响中发挥了中介作用。这一理论常用于理解零售环境中的情感、行为反应。

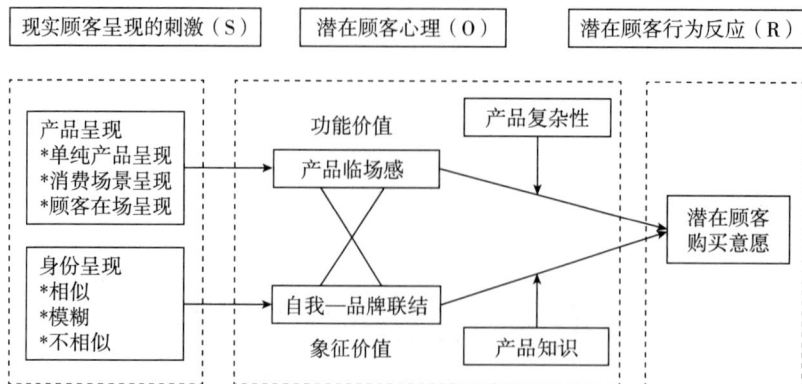

图 4 - 1　顾客晒单效应理论模型

S—O—R 模型主要由环境刺激、人们的内在状态和行为反应三个部分构成。相应地，本书的研究模型也分为三个部分，模型左侧是本研究的自变量，即现实顾客呈现的刺激（S），包括产品呈现方式和顾客身份的相似性。产品呈现方式根据产品呈现的内容有无消费场景、有无顾客在场分为单纯产品呈现、消费场景呈现和顾客在场呈现三种。顾客身份的相似性分为相似、模糊和不相似三个水平。模型中间为中介变量和调节变量：潜在顾客心理（O），包括产品临场感、自我—品牌联结、产品复杂性和产品知识。模型右边为因变量：潜在顾客行为反应（R），主要指潜在顾客的购买意愿。

通过理论模型的构建与研究，试图回答三个根本问题。

第一，探明顾客在线产品呈现的不同方式对潜在顾客购买意愿的影响与机制。具体研究目的有两个：一是比较不同呈现方式对潜在顾客购买意愿影响的大小；二是研究产品呈现对潜在顾客购买意愿影响的作用机制，包括中介作用和调节作用。

第二，探明顾客身份呈现的不同类别对潜在顾客购买意愿的影响与机制，具体研究目的也有两个：一是比较顾客身份相似性的不同水平对潜在顾客购买意愿影响的大小；二是研究顾客身份相似性对潜在顾客购买意愿影响的作用机制，包括中介作用和调节作用。

第三，揭示在线购物环境中消费者如何将产品的功能性需求和象征性需求相结合的心理路径。具体通过研究产品临场感和自我—品牌联结的协同交互作用，来对这一心理路径进行揭示。

二　变量的界定

在这部分内容中，我们将会对模型中所涉及的自变量、因变量、中介变量、调节变量分别进行界定。由于本书研究"现实顾客"对"潜在顾客"的影响，因此需要对"顾客"和"潜在顾客"这两个概念进行说明。本书研究中所涉及的"顾客"主要指现实顾客，即已经产生购买或消费行为的顾客或消费者；"潜在顾客"主要指具在潜在需求但还未购买的顾客或消费者。同时，把顾客和消费者视作同等的概念，在研究中出于表达需要而交替使用。

（一）产品呈现方式

第一个自变量是产品呈现方式。在线产品呈现是让潜在消费者通过文字描述、图形展示、音频、视频等获取产品信息，甚至还可以让消费者参与和体验，从而让消费者获得对产品的积极态度（刘元寅、王亦敏，2014）。顾客在线产品呈现实质上也是一种产品呈现，只是呈现的主体和方式有所不同。传统产品呈现的主体是企业，而顾客在线产品呈现的主体是顾客。在呈现方式上，以往研究多根据信息线索格式的不同，分为文字描述、图形展示、视频、音频等，而本书根据所呈现信息的内容不同来划分。本书通过焦点小组和深度访谈研究（其具体过程和内容在第五章中详细介绍）发现，顾客在线产品呈现根据呈现内容是否有消费场景、是否有顾客在场，可分为三种类型。

第一种是"单纯产品呈现"，是指顾客在线呈现的、与产品有关的文本信息内容中只有产品本身，没有任何周围环境、消费场景，也没有顾客和其他人物在场。

第二种是"消费场景呈现"，是指顾客在线呈现的、与产品有关的文本信息内容中除了产品本身之外，还有产品消费场景或周围环境，但没有顾客或其他人物在场。

第三种是"顾客在场呈现"，是指顾客在线呈现的、与产品有关的文本信息内容中除了产品和产品使用场景之外，还有顾客或其他人物在场。

本书通过实验的方法对产品呈现的三种方式进行操作化。实验选择图片格式的产品呈现作为操作手段，主要因为它是顾客在线产品呈现的最主要的、最便捷的形式。而视频格式的产品呈现涉及身体行为的影响，摄影技术也相对复杂，不便于操作；文字格式的产品呈现在描述的精确性以及对被试的吸引程度上会有影响。因此，基于图片格式的三种产品呈现方式在变量操作上可简洁表示如下。

（1）单纯产品呈现：纯产品图片＋简单文字评论；

（2）消费场景呈现：产品使用场景图片（无顾客在场）＋简单文字评论；

（3）顾客在场呈现：产品使用场景图片（有顾客在场）＋简单文字评论。

（二）身份呈现类别

顾客在线产品呈现的第二个自变量是感知身份相似性。感知身份是指现实顾客所呈现的、被潜在消费者感知到的身份特征。Naylor 等（2011）在在线环境中把顾客的感知身份按照人口统计特征分为三种：相似、不相似和模糊。本书也参照这一做法。顾客身份相似性是指潜在顾客感知到的与现实顾客在人口统计特征、生活方式、价值观念等方面的相似程度。已有研究表明，相似性具有不同的维度，比如人口统计特征相似（Hitsch，et al.，2010）、态度相似（Byrne，1971），还有偶然性相似，如共同生日、出生地等（Jiang，et al.，2010）。这些研究表明相似性能够影响人们的偏好，产生更积极的态度甚至行为意愿，比如更高的购买意愿。

本书研究中的身份相似表示呈现者与潜在消费者的身份在某些方面存在一定程度的相似，如同属一个社会群体的成员。另外，我们把对潜在顾客具有吸引力的群体也归入身份相似这一群体中。费孝通（1947）提出的差序格局思想认为人际间的关系是有亲疏的，站在每个圈的边缘向内看，就是内群体，向外看就是外群体。当潜在顾客站在边缘向内看有吸引力群体时，吸引力群体与相似性群体一样都属于内群体，从而获得相应的社会认同。因此，从这个角度来说，有吸引力的顾客也是一种内群体，对应相似性。身份不相似表示呈现者的身份被潜在顾客感知为不相似,如年龄、性别、职业、生活方式等不相似。身份模糊表示呈现者没有提供身份识别信息,其身份不能被潜在消费者明确感知,与潜在消费者的身份相比既不相似也不能说不相似。这里的身份模糊不是简单地不提供姓名,而是不能识别身份,其他顾客不能看出任何他们想知道的个人特征。

本书通过实验对身份相似、不相似和模糊这三个水平进行操控并用量表测量。参照Ames(2004)等的做法,感知身份相似性测量采用7点李克特量表,共2条语句,具体如下:

(1)您觉得自己与这种品牌产品的消费者有多相似?(1表示一点都不相似;7表示非常相似)

(2)您认为自己与这种品牌产品的消费者属于同一社会群体(或同一类型)的人。(1表示非常不同意;7表示非常同意)

(三)产品临场感

在虚拟环境中,当你与产品互动时,就会产生一种产品临场感(product presence)。Jungjoo Jahng(2000)认为,产品临场感是指在电子商务环境中,与产品互动时购买者对产品出现在面前的一种心理感知,也即购买者感知产品实际存在的程度。产品临场感用于处理消费者—产品关系,是指消费者在做产品选择决策时通过诸如观看、测试、玩耍和体验等形式进行的消费者—产品互动,以认识和评价产品属性。这种产品临场感对于品牌信任和购买决策具有重要意义。产品临场感量表参照 Jungjoo Jahng(2000)开发的量表,并进行适当修改,采用7点李克特量表(1表示非常不同意;7表示非常同意),共6条语句,具体如下:

(1)您可以非常容易地设想 ∗∗ 产品和它的特点;

(2)∗∗ 产品必要的特性/功能可以生动地呈现;

(3)您能获得/理解 ∗∗ 产品的必要信息;

(4)产品这样呈现是生动、有吸引力的;

(5)总体感觉好像现场体验一样;

(6)您可以想象产品使用时情景。

（四）自我—品牌联结

自我—品牌联结指消费者使用某品牌构建、强化和表达自我的程度（Escalas & Bettman，2003）。自我—品牌联结能够用于满足心理需要，强化身份，并能让个人与他人联系起来（Wallendorf & Arnould，1988；Escalas，2004）。在此过程中，消费者将品牌联想，如使用者形象、个性，纳入自我，从而使品牌联想与消费者头脑中的自我形象连接起来。Escalas 和 Bettman（2003）把自我—品牌联结概念化和操作化为：个人把品牌融入自我概念的程度。出于身份识别的目的（Huffman，et al.，2000），人们用产品和品牌来构建自我形象，并把这种形象介绍给其他人。这一过程的结果就是品牌与消费者联系起来了。它聚焦于自我概念与品牌的关联，而不是独特的品牌联想。因而自我—品牌联结抓住了消费者自我概念的重要方面。因此，测量消费者把品牌融入自我概念的程度就是测量自我—品牌联结。自我—品牌联结测量参照 Escalas（1996）开发的量表，采用 7 点李克特量表（1表示非常不同意；7 表示非常同意），共 7 条语句，具体如下：

（1）＊＊品牌产品反映了您是什么人；

（2）您认同＊＊品牌；

（3）您感到与＊＊品牌存在一种人际关系（或情感上的联系）；

（4）您愿意利用＊＊品牌向别人展示您是什么样的人；

（5）您认为＊＊品牌产品可以帮助您成为您想成为的那类人；

（6）您认为＊＊品牌产品反映了您自己想要的形象，或者您想展示给别人的形象；

（7）＊＊品牌非常适合您的身份。

（五）顾客购买意愿

这里的顾客购买意愿是指潜在顾客的购买意愿。企业和品牌日益使用网络和社会化媒体开展品牌营销，顾客购买意愿是对品牌营销绩效的一个重要的衡量指标。同时，本书重点考察顾客在线产品呈现对潜在顾客购买意愿的影响，了解不同的人以不同的方式呈现品牌产品可能会产生的效应。因此，将顾客购买意愿作为因变量。同时也是刺激—有机体—反应模型中的反应变量。本书在因变量的测量上，参照

Bruner、James 和 Hensel（1992）等的做法，购买意愿测量采用 7 点李克特量表（1 表示非常不同意；7 表示非常同意），共 2 条语句，具体如下：

（1）您愿意试用这种产品；

（2）您很可能会购买这种产品。

（六）产品复杂性

不同的产品呈现会引发潜在顾客丰富而复杂的心理反应。特别是富有情景和生活气息的图片能够拉近潜在顾客与产品之间的心理距离，容易让人想象产品的使用效果，从而提高其购买意愿。这是消费者对产品的功能性需求在起作用。但产品呈现的这种作用，受到产品复杂性的影响。产品复杂性是指顾客感知一种产品难以理解或使用的程度（Rogers, et al., 1995），一个产品提供的功能选项越多或者在使用中涉及的步骤越多，通常被看作是越复杂（桑辉，2007）。产品越复杂，顾客越有可能感知到高风险，就越需要真实而生动的产品呈现，就越需要晒图，或者说晒图的作用就越明显。该变量的测量参照 Yan 等（2015）使用的量表，采用 7 点李克特量表（1 表示非常不同意；7 表示非常同意），包括 4 条语句，具体如下：

（1）您认为该蓝牙自拍杆的零部件数量相对较多；

（2）您认为该蓝牙自拍杆的生产工艺更复杂；

（3）您认为该蓝牙自拍杆的组件更难模块化；

（4）您认为该蓝牙自拍杆设计所需的专业知识水平较高。

（七）产品知识

产品知识是消费者在面临产品选择时可以依据的有关知识，包括主观知识、客观知识和先前经验三方面。产品知识的丰富与匮乏程度会影响顾客对产品的态度和看法，从而影响其购买意愿，因而本书将产品知识高低作为自我—品牌联结对购买意愿影响的调节变量。产品知识量表参照郝媛媛（2010）的做法，采用 7 点李克特量表（1 表示非常不同意；7 表示非常同意），共 4 条语句，具体如下：

（1）您在 ** 这类产品方面知识丰富；

（2）您对购买 ** 这类产品经验丰富；

（3）您对＊＊这类产品非常了解；

（4）您对＊＊这类产品是行家。

第二节　理论推演和假设提出

本节主要以社会临场感理论、社会认同理论、媒介丰富度理论以及刺激—有机体—反应模型等理论为指导，分别以产品呈现方式和身份相似性为自变量，按照"产品呈现方式→临场感→顾客购买意愿"和"身份呈现类型→自我—品牌联结→顾客购买意愿"的逻辑进路，进行理论推演，提出研究假设。

一　产品呈现对产品临场感的影响

早期研究者用社会临场感理论（Short，et al.，1976）来探究这种以计算机为媒介的沟通的效果，认为媒介沟通就是要实现像亲临现场一样的感受（Danchak，et al.，2001；Gunawardena，1995；Gunawardena & Zittle，1997；Richardson & Swan，2003；Tu，2000），能够通过媒介实现与他人在一起的感受（Heeter，1992；Biocca，1997），产生无媒介沟通的错觉（Lombard & Ditton，1997；Biocca，et al.，2003）。这种效果和感受源于对社会线索的初始反应和对他人心智、意图的模拟，因此与虚拟环境中的信息传输密切相关。在媒介沟通环境中，用户可以感受到产品实际存在的程度取决于产品的呈现方式（Jungjoo Jahng，2000）。

媒介丰富度理论是与社会临场感有关的一种理论，根据媒介丰富度理论（Daft & Lengel，1986），媒介会因其所拥有的信息丰富度的不同而存在明显差异，这导致不同媒介在减少模糊性和不确定性方面效果不同。信息丰富度是指信息在一个时间间隔内改变理解的能力（Daft & Lengel，1986）。那些能及时解决不同意见或者澄清模糊问题的沟通交流被认为是信息丰富的。信息丰富度低是指需要长时间的沟通才能理解，或无法克服不同的理解。从某种程度上说，丰富度就是一种沟通理解的能力。不同媒介对于沟通信息的传输能力存在明显差异（Lengel & Daft，1988）。即使同一种媒介，运用方式不同，沟通效果也会不同。因为同一种媒介可以感知为信息贫乏，也可以感知为信息丰富，这取决于沟通过程中有效线索的总体数量。因此，通过选择与所需要信息线索相匹配的恰当媒介和沟通方式，可以提高沟通效果，从而减少模糊性和不确定性。

当使用媒介内容丰富度低时，社会临场感不会立即产生。如前所述，互联网的新技术、新应用具有较高程度的信息丰富度，具有临场感等功能模块（Kietzmann，et al.，2011），可以让在线呈现的产品被感知为真实存在于某个地方。Jungjoo Jahng（2000）认为，在虚拟环境中当你与产品互动时，就会产生一种产品临场感，即购买者会有一种产品出现在面前的心理感知，或者说购买者感知产品实际存在的一种程度。用户在虚拟环境中感受到产品临场感的高低，取决于产品的呈现方式（Jungjoo Jahng，2000）。基于临场感理论，Steuer（1992）认为，随着媒介丰富度的增加，产品临场感可以提高。产品信息描述的丰富性和精确性会提高在线购物体验的现实感。媒体中的沟通线索或信号会传递一些微妙的信息要素（Tu & McIsaac，2002）。一般认为，线索数量越多，临场感越强。

因此，根据社会临场感理论和媒介丰富度理论，我们认为在线环境中，产品呈现方式不同，其所提供的信息线索就不同，潜在顾客感知产品实际存在的心理感受就不同，从而导致不同强度的产品临场感。基于此，可以提出假设 H1。

H1：不同的产品呈现方式对引发潜在顾客的产品临场感具有显著差异。

为了求证这个大的推论，我们进一步对三种具体的产品呈现方式所引发的产品临场感强弱进行理论推演和假设。

很多关于沟通心理的研究都强调线索多样性的重要作用，认为线索的多样性可以提高沟通质量；能够让消费者想象详细、精确的产品形象，从而减少消费者的心理距离（如 Walther & Tidwell，1995；Xu，et al.，2012）。Klein（2003）发现线索丰富的网页内容可以提高虚拟体验感知的互动性，从而提高在线体验的现实感。显然，消费场景呈现相对于单纯产品呈现而言，能够提供更为多样化的线索。消费场景呈现不仅能提供产品线索，还能呈现产品之外的消费场景，这种消费场景具有独特的作用。因为在潜在顾客需要了解不熟悉产品的消费情景，产品的消费场景能够加深对潜在顾客某种感官的刺激。而感官刺激越深，引起的临场感就越强（Barfield & Weghorst，1993；Sheridan，1992）。曹巨江和陈诚（2010）认为，在产品展示过程中消费者不仅要和展示的产品进行交互，同时还要和周围的环境进行交互，因此，要注重虚拟展示环境的设计。有研究者认为，传统零售的环境线索对购物者有影响，相应地，在线环境中这种线索也应有相应的影响。Eroglu 等（2001）的研究表明，在线商店的气氛线索，如陈列内容、美学设计等会影响在线购买行为。因此，我们认为消费场景呈现比单纯产品呈现能产生更强的产品临场感。

顾客在场呈现除了产品外，还有顾客和产品消费场景。同时，顾客作为产品的使用者或背书者，也是一种特殊的"场景"。因此，相对于单纯产品呈现和消费场景呈现而言，顾客在场呈现能提供更为多样化的线索。根据 Xu 等（2012），社会情景较少的媒介会让人产生较大心理距离，而线索的多样性将会促进心理的亲近感。其他消费者丰富、生动的经验信息，可以引起经验上的同步性感知，这可以促进产生临场感（Yadav & Varadarajan，2005）。身体线索的存在，如手势、面部表情等线索，在消费者形成产品形象中起着重要作用（Walther，1992）。Witmer 和 Singer（1994）认为如果把人的动作、手势融进虚拟环境中，虚拟临场感将会提高。顾客在场呈现也会因为能被感知到有人在场，从而使这种沟通方式更具有社交性。虚拟临场感受到存在于虚拟环境中的他人的影响，并做出反应。虚拟环境中的人物如果知道对方的存在，并进行互动，那么他就更容易感受到虚拟环境中的临场感（Heeter，1992）。此外，感知模拟的程度可以提高网站的感知丰富度和互动性，从而提高网站的临场感（Eroglu，et al，1993）。所以单纯产品呈现、消费场景呈现和顾客在场呈现三种方式对产品使用的模拟程度呈递增的趋势。基于上述理论分析，我们认为，顾客在场呈现将会比消费场景呈现和单纯产品呈现产生更强的产品临场感。因此，可以提出假设 H1a、H1b 和 H1c。

H1a：消费场景呈现比单纯产品呈现引发潜在顾客更高的产品临场感。

H1b：顾客在场呈现比单纯产品呈现引发潜在顾客更高的产品临场感。

H1c：顾客在场呈现比消费场景呈现引发潜在顾客更高的产品临场感。

二 产品临场感对购买意愿的影响

产品临场感是消费者与产品在线互动时，对产品出现在面前的一种心理感知，是消费者在购买决策时通过观看、测试和体验等形式进行的消费者—产品互动，以认识和评价产品属性（Jahng，2000）。现有研究表明，临场感是提高消费者信任水平的工具，即临场感正向影响在线信任（Gefena，2004）。网站中用户感知的临场感越高，对商家的信任水平就越高（Hassanein，2009）。当电商网站以顾客为导向提供丰富的信息时，具有丰富资讯的临场感就可以减少不确定性、增加信任，从而促进消费者购买。当用户感受到较高的临场感和更真实的虚拟体验时，他们能够获得更多有关商品的信息，从而更容易被说服，提高购买意愿（Ki – Soo & Eun，2005）。因此，提出假设 H2。

H2：产品临场感正向影响顾客购买意愿。

三 产品临场感的中介作用

如前所述，网络购物存在风险，因此需要发展更好的、可视的在线产品呈现，这种呈现可以让人感到可靠，甚至产生触觉体验，从而减少感知风险（Park，et al.，2005）。在线产品呈现还能让消费者获取产品信息，进行产品体验，从而获得对产品的积极态度（刘元寅和王亦敏，2014）。在这些产品呈现的心理反应中，无论是消费者"感到可靠，产生触觉体验"，还是"获取产品信息，进行产品体验"，都是产品临场感的本质与内涵。正如有研究认为，在线产品呈现可以让潜在消费者对产品有一种实际存在的感知，让他们体验到临场感（Biocca，F.，2001）。而这种临场感会有利于消费者的在线信任（Gefena，2004），网站中用户感知的临场感越高，对商家的信任水平就越高（Hassanein，2009）。因此，有效的在线产品呈现可以增加社会情景和多样性线索，能够让消费者想象详细精确的产品形象，从而引发消费者更高的产品临场感；更高的产品临场感可以促进产品信任、减少风险，进而引发更强的购买意愿。基于此，提出假设 H3。

H3：产品临场感在产品呈现对顾客购买意愿的影响中起到中介作用。

四　产品复杂性的调节作用

这些不同的呈现会引发潜在顾客丰富而复杂的心理反应。特别是富有情景和生活气息的图片能够拉近潜在顾客与产品之间的心理距离，容易让人想象产品的使用效果，从而提高其购买意愿。这是消费者对产品的功能性需求在起作用。但产品呈现的这种作用并不总是会出现，可能受到产品复杂性的调节。产品复杂性是指顾客感知一种产品难以理解或使用的程度（Roger，et al.，1995），一个产品提供的功能选项越多或者在使用中涉及的步骤越多，通常被看作是越复杂（桑辉，2007）。产品越复杂，顾客越有可能感知到高风险，就越需要真实而生动的产品呈现，就越需要晒图，或者说晒图的作用就越明显。相反，当产品非常简单时，这种作用就会减弱。基于此，提出假设 H4。

H4：产品复杂性在产品临场感对潜在顾客购买意愿的影响中起到调节作用，即相对于产品复杂性低的情形，当产品复杂性高时，产品临场感对潜在顾客购买意愿的影响更强。

五　身份呈现对购买意愿的影响

新型网络媒介具有很强的身份表征和身份识别功能，可以让呈现者被他人感知到以某种身份真实存在于某个地方（Kietzmann，2011）。根据在线呈现实际和相关研究，本书把被感知的顾客身份按相似性程度分为三种：身份相似、不相似、模糊。身份模糊是指潜在顾客不能感知到现实顾客的身份与自己是相似还是不相似，其身份不能确定。这种情况在电商平台中比较常见，比如一些顾客在晒图或评论过程中掩盖身份，不显示或只显示很少的人口统计信息。

人们易于对那些看起来相似的人表达亲近，并更容易受到具有相似态度的他人吸引和影响（Morry，2007）。目标市场营销就是依赖于这一思想,认为人们更容易被那些与自己有相似特征的人所做的广告说服(Aaker, et al. , 2000)。在品牌社群中,那些与潜在顾客身份相似的品牌支持者会大大增强品牌亲和力(Berger & Heath, 2007)。在线评论中,人们倾向于采纳那些和他们相似的人的意见(Ziegler & Golbeck, 2007)。Thakor 等(2008)研究了不同年龄顾客的影响,发现在场的年老顾客对年轻顾客的态度和光顾意愿具有消极影响。这些研究表明,相似的他人容易被说服,而不相似的他人的意见就会打折扣。因此,可以推断,身份相似比身份不相似引发潜在顾客更强的购买意愿。

网络环境中,常会出现顾客身份不确定,即身份模糊的情形。根据社会归类理论,当人们对其他群体成员一无所知时,会表现出较低程度的喜爱和较低的群体凝聚力(Sassenberg & Postmes, 2002)。此时,身份模糊的顾客无法满足潜在顾客自我提升和减少不确定性的需要。当潜在顾客不能从身份模糊的顾客身上找到与自身相联系的某种特征时,其感知风险会增大,品牌亲和力和产品态度就会下降,从而导致购买意愿降低。因而,可以推断,身份相似比身份模糊引发潜在顾客更强的购买意愿。另外,减少不确定性和模糊性是组织信息处理的两种互补力量(Daft & Lengel, 1986),信息模糊可能会引起多种相互冲突的解释(Daft & Macintosh, 1981)。顾客身份模糊意味着身份的多样性,其身份可能与潜在顾客相似,也可能不相似;有可能是一部分相似,另一部分不相似。潜在顾客根据对模糊的容忍度以及其他线索,也能形成一定程度的购买意愿,从而产生高于身份不相似情形引发的购买意愿。因此,可以提出如下假设。

H5:现实顾客的不同身份对潜在顾客购买意愿的影响具有显著差异。

H5a:身份相似比身份不相似引发潜在顾客更强的购买意愿。

H5b:身份相似比身份模糊引发潜在顾客更强的购买意愿。

H5c:身份模糊比身份不相似引发潜在顾客更强的购买意愿。

六 身份呈现对自我—品牌联结的影响

新型网络媒介具有强大的身份表征功能,如社会化媒体是一组建立在 Web2.0 思想和技术基础上的互联网应用，可以创建和交换用户生成的内容（Kaplan & Haenlein，2010），具有身份识别、临场感、对话、分享、关系、声誉和群组等功能模块（Kietzmann, et al., 2011），可以让呈现者被感知为真实存在于某个地方，其姓名、年龄、性别、职业和籍贯等公开信息可以刻画用户身份。因此，我们认为现实顾客在线呈现的身份类别，可以帮助潜在顾客认识不同群体的特征，并启动社会认同和自我归类过程，从而通过群体特征来获得相应的群体身份，从而对潜在顾客产生重要影响。

根据社会认同理论（Henri Tajfel，1978），人们会用特定的群体特征来界定和评价自己，并用这些特征与其他非群体成员的特征进行比较（Tajfel & Turner，1985）。社会群体中感知的成员关系有助于构建内群体和自我归类，以便于人们根据一些价值维度从外群体中辨别出内群体（Brown，2000）。自我归类理论也认为个人会把自己归类为特定社会群体并努力获得相应的社会身份（Turner, et al.，1987）。社会吸引假说进一步指出，个人会因为他们很好地体现了典型的群内成员而比那些显示独特个性的人更受欢迎（Hogg，1993）。

研究者常用社会认同理论解释人们对自我—品牌联结的心理需要。在品牌购买情景中，人们会以品牌含义及其与自我概念的相关性来选购品牌产品（Tucker，1957）。自我—品牌联结是"在消费者与给定品牌之间存在的一种有意义的个人联结，可以使品牌与个人的自我概念紧密相连"（Moore & Homer，2008）。品牌通过品牌价值和联想，可以帮助消费者阐明自我概念以及与其他个体的关系（Bettman & Escalas，2003）。人们可以通过品牌的使用来区分自己与他人，因为自我—品牌联结能够满足他们与特定社会群体一致的需求（Bhatta-charya & Sen，2003）。Escalas 和 Bettman（2003）认为参照群体是品牌联想的一种来源，其研究表明，消费者的自我心理表征与成员群体和崇拜群体所使用的品牌有关，因为他们可以通过使用这些品牌来界定和培养自我概念；而且，成员群体和崇拜群体的品牌使用影响消费者自我—品牌联结的程度，取决于消费者属于该成员群体或希望成为崇拜群体的程度。

　　社会认同理论也可用于解释参照群体对自我—品牌联结的影响（如 Escalas & Bettman 2003；Swaminathan, et al., 2007；White & Dahl，2007）。参照群体对品牌态度和选择有直接影响（Duhachek, et al., 2007；Sirgy，1982；Wooten & Reed，2004）。当与参照群体互动时，一个消费者使用某个品牌，就意味着在为这个品牌背书，也就表明这个消费者愿意与同样消费这个品牌的其他消费者联系在一起（Grubb & Hupp，1968；Lam, et al., 2010）。Berger 和 Heath（2007）发现，消费者不会使用形象与非成员群体一致的品牌来构建和表达自我，即形象与规避群体一致的品牌不太可能被消费者用于构建自我。而且，人们会避免与规避群体的成员交往（Jackson, et al., 1996）。White 和 Dhal（2007）研究发现，比起一般情况下的外群体，消费者对于与规避群体相关联的品牌有较弱的自我—品牌联结，和较消极的品牌评价。由此可见，现实顾客的身份特征是发展消费者—品牌关系的一种重要途径，现实顾客的不同身份会引发潜在顾客不同的自我—品牌联结。因此，可以提出假设 H6。

　　H6：现实顾客的不同身份对潜在顾客自我—品牌联结的影响具有显著差异。

　　为求证这个大的推论，我们进一步对顾客呈现的具体身份的后向效应进行理论推演和假设。社会认同的中心思想是人们对内群体成员表现出特定的偏好。根据社会吸引假说，对于根据情景而形成的社会群体而言，更具典型性的内群体成员更让人喜欢（Hogg，1987；1992；1993）。也就是说，与典型成员的共同理念保持一致，并体现相应特征、态度和行为的成员将会感到更受人欢迎。当一个典型的原型在双方同意的情况下已经建立起来时，那些更具典型性的人会被喜欢，并且所有成员都会显示出非常典型的倾向，群体成员间的社会吸引就会出现（Hogg & Terry，2000）。

　　研究已经发现，当消费者认为参照群体与特定品牌的关联度很强，品牌典型用户的形象与他们实际的或渴望的自我概念相似时，自我—品牌联结更有可能形成（Escalas & Bettman，2003）；当消费者感到一个品牌与自我形象一致时，品牌联结就会形成（如 Bhattacharya &

Sen，2003）。显然，人们易于对那些看起来相似的人表达亲近（Lydon，et al.，1988；Morry，2007；Shachar & Emerson，2000）。即使在没有任何其他信息的情况下，人口统计特征相似的人被假定具有相似的人格特征、价值观和态度（Cunningham，2007）。这种相似性推断促进了消费者品牌评价的提高，看到其他相似的品牌支持者会导致很大的品牌亲和力（Berger and Heath，2007；Escalas & Bettman，2003；McCracken，1988）。自我与他人轻微的归属关系都能导致积极的品牌评价，在此过程中，潜在顾客会将品牌使用者形象、个性纳入自我，从而使品牌联想与消费者头脑中的自我形象连接起来，也即形成自我—品牌联结（Sun Joo Ahn & Bailenson，2011）。尽管人们可以建立不同类型的品牌关系，但形成长期联结的品牌肯定会被认为与个人的自我概念在形象和价值上保持一致（Sirgy，1982）。

另外，Escalas 和 Bettman（2003）的研究表明，当消费者感知到成员群体和崇拜群体在使用某个品牌时，消费者会产生更积极的自我—品牌联结。消费者感知到他们属于成员群体或希望成为崇拜群体时，这种感知会调节群体的品牌使用对自我—品牌联结的影响。费孝通的差序格局（1947）指出人际间的关系是有亲疏的，站在每个圈的边缘向内看，就是内群体，向外看就是外群体。当潜在消费者站在边缘向内看着渴望群体时，渴望群体与成员群体一样都属于内群体，对应相似性，从而获得相应的社会认同。因此，相似性从某种程度上讲包括成员群体和渴望群体。根据参照群体理论，成员群体和渴望群体的品牌使用影响潜在顾客的自我—品牌联结，其强弱取决于潜在顾客属于该成员群体或希望成为渴望群体的程度。

Berger 和 Heath（2007）发现，消费者不会使用形象与非成员群体一致的品牌来构建和表达自我，即形象与规避群体一致的品牌不太可能被消费者用于构建自我。而且，人们会避免与规避群体的成员交往（Jackson，et al.，1996）。White 和 Dhal（2007）研究发现，比起一般情况下的外群体，消费者对于与规避群体相关联的品牌有较弱的自我—品牌联结和较消极的品牌评价。特别是当品牌象征性较强时，消费者对这类品牌的自我—品牌联结更弱，品牌评价更消极。White

和 Dhal（2006）研究了规避群体对消费者偏好的影响，研究发现：如果一种产品容易让人们联想到规避群体，人们对这种产品的评价比中性产品更低，从而降低选择意愿。从消费者角度看，消费者会尽量避免那些具有消极象征意义的产品（Banister & Hogg，2004），以及避免那些他们认为是消极生活方式的产品（Lowreyetal，2001）。杜伟强等（2009）的研究发现，当规避群体大量使用某品牌时，消费者会感知到品牌形象与规避群体一致；当成员群体大量使用某品牌时，消费者会感知到品牌形象与成员群体一致。综上，身份相似会使潜在顾客的品牌联想与自我形象连接起来，并导致社会认同；相反，身份不相似则没有这种效应。因此，可以提出假设 H6a。

H6a：身份相似比身份不相似引发潜在顾客更强的自我—品牌联结。

身份模糊是指不显示或显示非常有限的人口统计信息，比如不显示任何消费者或品牌支持者的照片，或者只显示没有提供照片的支持者，或者仅显示掩盖了消费者身份的照片（Naylor，et al.，2011）。所以，这里的身份模糊是指潜在顾客不能感知到现实顾客是否与自己相似或不相似，其身份不能确定。Sassenberg 和 Postmes（2002）的研究认为，当人们对其他群体成员一无所知时，他们报告较低程度的喜爱和感知较低的群体凝聚力。这些研究者是通过社会归类理论（Turner，et al.，1987）得出结论的，这一理论认为不能被归类于某个核心群体的个人将接受其他群体的刻板常识。身份模糊的顾客无法满足潜在顾客自我提升和减少不确定性的需要。根据媒介丰富度理论可知，减少不确定性和减少模糊性是组织信息处理的两种互补力量（Daft & Lengel，1986），模糊性作为一种信息刺激可能会有多种相互冲突的解释（Weick，1979；Daft & Macintosh，1981；Russ，et al.，1990）。Mintzberg 等（1976）发现在模糊性的情形下，管理者可能做出相反的决定。当有高度的模糊性时，新的数据不但不能确定任何事情，还可能让人混淆，甚至增加不确定性。因此，我们认为身份模糊的顾客群体可能意味着多样性，在传统认知里，多样化的群体不会形成有凝聚力的参照群体。同时，当潜在顾客不能从模糊性顾客身上找到与自身相联系的某种特征时，感知风险增大，就不会认同相应的品牌产品，从而导致身份模糊顾客比身份相似的顾客引发较弱的自我—品牌联结。因此，我们提出假设 H6b。

H6b：身份相似比身份模糊引发潜在顾客更强的自我—品牌联结。

无目标市场效应（non‐target market effects）研究表明，看起来身份不相似的个人会导致消费者低水平的共同性推断（Aaker, et al., 2000）。一般情况下，消费者对于与规避群体相关联的品牌会有较弱的自我—品牌联结，并产生较负面的品牌评价（White & Dhal, 2007）。因此，消费者会尽量避免那些具有消极象征含义的产品（Banister & Hogg, 2004）。所以，如果某品牌产品被潜在顾客感知为被不相似的人喜欢，潜在顾客将会在自身和品牌之间产生较弱的自我—品牌联结。相对而言，在身份模糊的情形下，根据媒介丰富度理论可知，模糊性作为一种信息刺激可能会有多种相互冲突的解释（Daft & Macintosh, 1981；Russ, et al., 1990；Weick, 1979）；在模糊性的情形下，管理者可能做出相反的决定（Mintzberg, et al., 1976）。因此，我们认为身份模糊的顾客群体身份不确定，可能意味着多样性，其身份可能与潜在顾客相似，也有可能不相似；也有可能是一部分相似，另一部分不相似。潜在顾客根据对模糊的容忍度以及其他线索，也能产生一定程度的自我—品牌联结。而身份不相似的群体则确定会产生较低的自我—品牌联结。White 和 Dhal（2006）在研究规避群体对消费者偏好的影响时发现：如果一种产品容易让人们联想到规避群体，人们对这种产品的评价会比中性产品更低，从而降低购买意愿。因此，我们提出假设 H6c。

H6c：身份模糊比身份不相似引发潜在顾客更强的自我—品牌联结。

七 自我—品牌联结的中介作用

自我归类理论认为，人们会把自己归类为特定社会群体并努力获得相应社会身份。在品牌购买时，人们会根据品牌含义及其与自我的相关性来选购产品。消费者常常用品牌来构建、强化或表达自我形象，满足社会认同和自我表达的需要（Fournier, 1998）。在此过程中，消费者将品牌联想纳入自我，使品牌联想与消费者头脑中的自我形象连接起来。因此，特定的品牌产品与具有特定身份的消费群体紧密联系在一起，消费群体的身份特征就成为特定品牌的一种联想。品牌通过品牌价值和联想，可以帮助消费者阐明自我概念以及与他人的关系，从而形成消费者—品牌关系（Escalas & Bettman，2005）。当一个人认同品牌并把品牌与自我建构联系起来时，就会形成一种强有力的自我—品牌联结，它能够用于满足心理需要，强化身份，并能把自己与他人联系起来（Wallendorf，1988；Escalas，2004）。人们可以通过品牌的使用来区分自己与他人，因为自我—品牌联结能够满足他们与特定社会群体保持一致的需求（Bhattacharya & Sen，2003）。消费者偏爱那些品牌形象与其自我概念一致的品牌（Childers & Rao，1992），这种一致性程度越高，消费者就越会产生更积极的情感，购买意愿也会越高（Mehta，1999）。因此，现实顾客在线呈现的身份特征，可以帮助潜在顾客认识不同群体的特征，并启动社会认同和自我归类过程，通过群体特征来获得相应的群体身份，从而对潜在顾客产生重要影响。我们认为，现实顾客呈现的不同身份，会引发潜在顾客不同的自我—品牌联结，进而产生不同的购买意愿，即自我—品牌联结在身份呈现对购买意愿的影响中起到中介作用。因而，可以提出假设 H7。

H7：自我—品牌联结在身份呈现对潜在顾客购买意愿的影响中具有中介作用。

八　产品知识的调节作用

产品知识是消费者在面临产品选择时可以依据的有关知识，包括主观知识、客观知识和先前经验三方面。消费者购买决策所需线索可分为内部线索和外部线索。内部线索是指产品本身具备的物理特征信息，如材质、性能；外部线索则是指与产品相关的信息，但并不是物理产品的一部分，如价格、包装、原产地以及其他可以影响消费者选择的间接信息。在购物过程中，内部线索和外部线索共同影响消费者的购买决策（Rao & Monroe，1988）。自我—品牌联结是消费者与给定品牌之间一种有意义的个人联结，与消费者的品牌联想和自我概念有关，显然是一种间接的外部线索。当内部线索缺失时，由于外部线索相对比较容易获得，消费者在消费选择过程中会启动外部线索来进行决策（Miyazaki，2005）。所以，当产品本身的知识缺乏时，消费者可以依靠自身与产品有关的外部线索，而不依赖内部线索来进行决策，即在产品本身的知识较少的情况下，自我—品牌联结发挥的作用会更强。当产品本身的知识丰富时，消费者不再主要依靠自我—品牌联结这种外部线索，而会根据自己丰富的产品知识来判定产品属性和做出消费决策，即自我—品牌联结的作用会被削弱。比如，当人们看到自己欣赏并认同的人使用某种产品，感觉很好时，可能会产生较强的自我—品牌联结，进而产生较强的购买意愿；但当他们对这种产品比较了解，知晓很多产品知识时，这种自我—品牌联结对购买意愿的影响就会弱化。因此，可以提出假设 H8。

H8：产品知识会削弱自我—品牌联结对购买意愿的积极影响，即相对较高的产品知识水平，当产品知识水平低时，自我—品牌联结对购买意愿的正向影响较强。

九 自我—品牌联结和产品临场感的交互作用

品牌因为能够构建、维持和沟通自我，从而满足了消费者的心理需求。研究已经发现，当消费者感到一个品牌与自我形象一致时，品牌联结就更有可能形成（如 Bhattacharya & Sen，2003）。Escalas（2004）也指出，当品牌形象、个性与消费者的品牌体验直接相关，并且满足了消费者的心理需求时，自我—品牌联结就会形成。自我—品牌联结可以使品牌与个人的自我概念紧密相连（Moore & Homer，2008）。强烈的自我—品牌联结对积极的品牌态度和购买意愿有正向影响（Escalas，2004；Moore & Homer，2007）。因此，强自我—品牌联结可以用于消费者自我概念的构建、强化和表达，从而增加品牌购买意愿。相反，弱自我—品牌联结则不能用于自我形象和身份的表达，则会抑制购买。前面的论述已经表明，产品临场感和自我—品牌联结均正向影响购买意愿。因此，当自我—品牌联结较强时，产品临场感越高，消费者既能感受到更好的在线体验、更高的品牌信任水平，又能感受到与自我的身份相符合，所以购买意愿也越强。相反，如果消费者仅能感受到较高的产品临场感，而品牌产品的形象与自己的身份和形象不符，那么消费者的购买意愿就会大打折扣。因此，可以提出假设 H9。

H9：相对于自我—品牌联结较弱的情形，当自我—品牌联结较强时，产品临场感对购买意愿的正向影响会显著提高。

产品临场感（Jungjoo Jahng，2000）是指与产品互动时，购买者对产品出现在面前的一种心理感知。产品临场感用于处理消费者—产品关系，是指消费者在做产品选择决策时通过诸如观看、测试、玩耍和体验等形式进行的消费者—产品互动，以认识和评价产品属性。这种产品临场感对于品牌信任和购买决策具有重要意义。临场感是提高消费者信任水平的工具（Cyr，et al.，2007；Gefen & Straub，2004；Hassanein & Head，2004）。很多学者都认为临场感是在线信任的前因（Hassanein & Head，2004），并通过实证研究证实了这种显著性的存在，即临场感积极影响在线信任（Gefen and Straub，2003；Hassanein & Head，2004；Cyr，et al.，2007）。因此，消费者与品牌产品之间即使有较强的自我—品牌联结，但如果消费者对产品具体的功能属性不了解，其购买意愿就会大大降低。相反，如果消费者在有较强的自我—品牌联结情形下，还有较高的产品临场感，就能得到较好的产品体验和信任水平，其购买意愿则会大大提升。所以，可以提出假设 H10。

H10：相对于产品临场感较低的情形，当产品临场感较高时，自我—品牌联结对顾客购买意愿的正向影响会显著增强。

第五章

晒单类型和作用的探索性研究

　　本书按照先探索性研究后实证检验的思路，首先运用质性方法对顾客晒单的类型和有用性进行探索性研究，并初步分析其效应和作用机制，其次开展实验研究收集数据，对理论模型和假设进行实证检验。本章为探索性研究部分，共三节，第一节是定性研究，通过焦点小组访谈和深度访谈法，探索顾客晒单的类型和作用，并对顾客在线产品呈现的作用机理进行初步探索。第二节利用网购平台中真实、客观的二手数据，探索顾客晒单对消费者感知有用性的影响。第三节为预测试，对问卷、量表、实验样品和刺激文本等进行修改完善，为正式实验研究做好准备。

第一节　访谈法探索晒单的类型和作用

一　研究目的及设计

　　由于现有文献鲜见关于顾客晒单效应的研究，本节特采用焦点小组访谈和个人深度访谈相结合的方法来进行探讨。焦点小组访谈可以发挥群体动力，有利于相互激发思维；个人深度访谈可以消除群体压力，有利于充分表达个人的想法，两种方法可以起到互补的作用。本节的研究目的有两个：第一，对顾客在线产品呈现的效应及其作用机理进行探索性研究；第二，探讨顾客在线产品呈现的类型，并提出定义和分类标准。研究者共组织了 40 个被访者，其中一对一深度访谈 19 人，焦点小组访谈 21 人并分两项进行，第一项 10 人，第二项 11 人。对每一位被访者都进行了编码，编码规则为：M（male）代表男性，F（female）代表女性，随后两个数字表示被访者身份（01 表示大学本科生，02 表示硕士研究生，03 表示在职工作人员），最后两位数表示被访者的编号。比如编码 M0316 表示 16 号被访者为男性在职工作人员。

　　研究分两个阶段进行，第一阶段开展第一项焦点小组访谈和个人深度访谈，第二阶段开展第二项焦点小组访谈。两个阶段访谈的内容基本相同，但侧重点和流程不同。由于顾客晒单的分类问题比较抽象，需要进行概括和归纳，难度较大，访谈遵循先易后难、由浅入深的原则，对两个阶段访谈问题的顺序进行不同设计。第一阶段访谈先询问晒单有何作用以及如何发挥作用等问题，即探讨晒单效应及其作用机理，再询问顾客晒单的分类和定义相关问题；第二阶段访谈主要是对第一阶段访谈中提出的晒单类型及定义进行验证，同时对晒单效应及其作用机理问题进行补充访谈。焦点小组成员按照同质同组原则，从湖北某综合性大学本科生中选取，一对一深度访谈则扩大样本范围，主要选择研究生和在职人员作为被访者。参加此项研究的被访者均获得一份小礼物。访谈前，研究人员拟定好半结构性的访谈提纲，访谈内容在被访者允许的情况下进行录音。

　　二　访谈内容和过程

　　在第一项焦点小组访谈正式进行之前，研究人员请 10 个被访者（男生 5 人，女生 5 人）在不同的网络零售平台（如淘宝、京东）和社交媒体（如微信、微博）上浏览消费者分享的各种产品图片，要求每人挑选出有代表性的图片 10 张，共 100 张，用 U 盘把这些图片拷贝下来。准备工作完成后，请所有被访者来到一个具有投影功能的小型会议室进行正式访谈，研究人员首先介绍研究目的、访谈规则，然后逐一投放这些照片，按照访谈提纲进行讨论。访谈时间历时 110 分钟。为丰富和补充访谈内容，在焦点小组访谈完成后，采用相同访谈提纲进行了 19 人次（男性 9 人次，女性 10 人次）的一对一深度访谈。对每位被访谈者，研究人员均有针对性地选择3—5张典型晒图照片并提前彩印出来，访谈时呈现在被访者面前，每次访谈历时大约45分钟。访谈结束后，对焦点小组访谈和个人深度访谈的结果进行分析总结，主要的访谈问题和被访者的观点如下。

1. 晒单的关注度及其原因

为了解网购时消费者是否关注晒单及其整体原因，提出"网购中，你们会看商品评价中的消费者晒图吗？这些图片是否会影响你们的购买意愿？"这一问题，被访者的主要观点如下。

"我网购时在付款前都会看晒图，这可以了解与商家的区别。实物摆拍嘛！看起来会比较真实"（M0101），"会看，因为网上的文字性评论会有很多刷单，看晒图就能了解它的真实性，可以更全面地了解这个产品是否适合自己"（M0311），"通过晒图可以了解产品的真实样子。一是看产品的外观与商家介绍有多大偏差；二是看产品细节；三是看产品在生活中呈现的具体状况，从而决定是否购买"（M0313）。

通过上述访谈发现，消费者网购时会普遍关注电商平台中的晒图或晒单，认为顾客晒图与商家展示有明显区别，晒图可以让潜在顾客更加全面、客观、真实地了解产品质量和功效，从而影响他们对被选产品的购买意愿。可见，顾客晒单会影响潜在顾客购买意愿，其影响路径可以概括为：顾客晒单——更客观、全面地了解产品——潜在顾客购买意愿。对其具体原因，下文做进一步探讨。

2. 产品呈现对购买意愿的影响

为探讨顾客晒单中产品呈现的具体内容及其影响，提出"你们主要从哪些方面看消费者晒图？晒图中呈现的不同内容对你们的心理会产生什么影响？什么样的图片会影响或提升你们的购买意愿？为什么？"这一问题，被访者的主要回答如下。

"晒图有的含有产品本身外，还含有消费情景，通过这些晒图，就能看到买家使用产品时的实际效果，也就能想象自己使用产品时的样子"（F0110），"我喜欢一些有生活气息、有情景的图片，它能拉近消费者之间的距离"（F0107），"晒图首先要能体现生活中的使用情景，其次可以呈现一些细节，最后一定要有美感，这样就会影响我的购买欲望"（M0314）。

在产品呈现对购买意愿的影响过程中，产品复杂性程度（高/低）起到调节作用。

"像买衣服就会比较注重晒图，从中可以想象产品的上身效果。首先看衣服的颜色，如果相差不大，我就会考虑样式。这两点具备了，如果晒图中别人穿着也好看，那我就比较愿意买了"（F0109），"有些图片有使用情景，功能体现得比较好，可以让我更清楚地了解产品性能，比如买烤箱"（F0224），"买家电、家具等大型复杂产品会注重看晒图，但日常生活工作中的一些简单用品，如纸巾、笔记本等，晒图关注相对少一点，主要关注价格和质量"（M0316）。

通过以上访谈发现，顾客晒单有不同的类型，会呈现出不同的内容，有的只有产品本身，有的还有与产品使用有关的场景或人物，也有动态和静态的，这些不同的呈现会引发潜在顾客丰富而复杂的心理反应。特别是富有情景和生活气息的图片能够拉近潜在顾客与产品之间的心理距离，容易让人想象产品的使用效果，从而提高其购买意愿。这是消费者对产品的功能性需求在起作用。但产品呈现的这种作用，受到产品复杂性的调节。产品复杂性是指顾客感知一种产品难以理解或使用的程度（Rogers，et al.，1995），一个产品提供的功能选项越多或者在使用中涉及的步骤越多，通常被看作是越复杂（桑辉，2007）。产品越复杂，顾客越有可能感知到高风险，就越需要真实而生动的产品呈现，就越需要晒图，或者说晒图的作用就越明显。因此，顾客晒单可以通过产品呈现来影响潜在顾客的购买意愿，其影响路径可概括为：顾客晒单—产品呈现—不同呈现类型和内容—在线体验并想象使用效果—潜在顾客购买意愿（受产品复杂性的调节）。

3. 身份呈现对购买意愿的影响

为探究晒单者的身份对潜在顾客购买意愿的影响，提出"晒单者的身份是否会影响你们的购买意愿？为什么？"这一问题，被访者的主要观点如下。

"晒图者的身份会影响我对产品的看法，与自己身份相同顾客的晒图会更令自己信服，大叔、大妈级别的有明显的负面影响"（M0105），"身份相似会增加认同感，提高购买意愿，如果一个产品大部分我认同的人也喜欢，那么这个产品应该不错。相反就不愿意买了，因为不想和不喜欢的人用一样的，而且也不一定适合我。大部分产品，我都要求符合自我形象"（F0229），"产品要符合自己的年龄和流行趋势，年龄过高过低都不行，太另类也不行。如果发现与自己身份相似，内心会比较高兴，都是看法喜好相似的人，沟通起来会更好"（M0315）。

在身份呈现对购买意愿影响的过程中，产品知识（高/低）起到调节作用。

"但这也要看情况，这种身份的影响有时候取决于消费者对产品的了解熟悉程度。当消费者对产品不熟悉时，这种影响可能比较明显，但对产品很熟悉，具备较丰富的产品知识时，他自己会对产品是否适合自己的身份有一个清晰的认知，受他人的影响就会减弱"（M0339）。

在身份呈现对购买意愿的影响过程中，产品象征性价值（高/低）起到调节作用。

"一般情况下，身份不相似或者不认同，应该就不会买了，因为觉得这个东西可能不太适合自己。但也看情况，像服装和奢侈品等具有象征意义的产品会在意多一些，而生活日用品就少一些"（F0226），"社交类产品，比如衣服、手机等，晒图者身份关注多一点，会关注使用人群的年龄和职业，避免产品与自身需求不符；但家庭消耗品就关注少一些"（M0316）。

通过以上访谈发现，顾客晒单不仅能呈现产品，还能呈现顾客身份。网购时，潜在顾客不仅会重视产品本身，还会关注晒图者的身份，因为他们是产品的现实使用者。不同顾客所呈现的不同身份会被潜在顾客感知为相似或不相似，进一步引发他们对选购产品与自我概念或形象是否相符的判断，从而影响潜在顾客的购买意愿。这是消费者对产品的象征性需求在起作用。但身份呈现的这种作用，受到产品象征性价值的调节。象征性价值是一种外在的、他人导向的主动价值，消费者选择特定产品或消费体验，在一定程度上是将其作为拟构建的人物角色的象征，即消费者消费产品目的是把自己希望的形象投射出去（邹德强，2007）。产品的象征性价值越高，就越具有身份形象建构的价值，其目标群体就越具有指向性，此时，潜在顾客就越可以通过晒图者的身份来识别这种产品的适用群体。相反，产品的象征性价值较低时，其消费群体在身份形象上没有指向性，晒图者身份的作用就会减弱。因此，顾客晒单可以通过身份呈现影响潜在顾客的购买意愿，其影响路径可概括为：顾客晒单—身份呈现—身份的相似性—产品与自我概念相符的程度—潜在顾客购买意愿（受产品知识和象征性价值的调节）。

4. 顾客晒单的分类

在进行本焦点小组访谈之前，研究人员在对大量晒图进行内容分析的基础上，对于晒单的分类标准及其定义已经有了一个初步的概念。为避免研究人员先入为主，首先向被访谈者询问关于顾客晒单分类的看法。但这个问题有一定的难度，因为它需要较高的抽象能力和语言概括能力。从访谈的实际情况来看，被访谈者未能系统地总结，但从各位零碎、分散的回答中能得到一些佐证。于是，研究人员择机提出先前已经形成的三种产品呈现方式的分类标准和定义，即顾客晒单根据呈现的内容是否有产品消费场景、是否有顾客在场等因素，可分为三种：第一种是"单纯产品呈现"，是指顾客在线呈现的、与产品有关的信息内容中只有产品本身，没有任何周围环境、消费场景，也没有顾客和其他人物在场；第二种是"消费场景呈现"，是指顾客在线呈现的、与产品有关的信息内容中除了产品本身之外，还有产品消费场景或周围环境，但没有顾客或其他人物在场；第三种是"顾客在场呈现"，是指顾客在线呈现的、与产品有关的信息内容中除了产品和产品使用场景之外，还有顾客或其他人物在场。研究人员向被访者详细解释这一分类标准和定义，确保每一位被访者都能理解其含义，然后引导被访者发表自己的观点，结果上述分类和定义得到了被访者的一致认可。

三 访谈小结

研究人员根据前述产品呈现方式的定义和分类标准，对第一项焦点小组访谈中所用的 100 张产品图片进行预分类，三天后组织第二项焦点小组访谈对这一定义和分类标准进行验证。另外的 11 名被访者（男生 5 人，女生 6 人）被邀请到焦点小组访谈室，研究人员首先告知单纯产品呈现、消费场景呈现、顾客在场呈现三种产品呈现方式的定义，其次再用投影仪逐一投放上述 100 张图片，要求被访者根据产品呈现方式的定义判断每一张图片属于三种中的哪一种或者三者都不是。结果发现，全部的被访者都将研究设计的单纯产品呈现图片归为单纯产品呈现组，消费场景呈现图片归为消费场景呈现组，顾客在场呈现图片归为顾客在场呈现组，与研究人员的预分类一致。这说明研究设计的三种产品呈现方式及其定义符合要求。在对产品呈现方式的类型及定义进行验证后，本项焦点小组研究也讨论了第一项焦点小组研究中顾客晒单效应方面的问题，得到了一致的结论。因此，本项焦点小组访谈初步验证了单纯产品呈现、消费场景呈现和顾客在场呈现这三种产品呈现方式的存在性、可被感知性及其效应的差异性。本组访谈历时大约 90 分钟。

分析和总结上述焦点小组访谈和深度访谈，有以下发现。

（1）顾客晒单与商家展示明显不同。从本质上看，顾客晒单与商家产品展示都属于产品呈现，但相对于以商家为主体的产品展示，顾客晒单作为以顾客为主体的产品呈现具有自身明显的特点。第一，对潜在顾客来说，晒单呈现的产品显得更加真实、客观；第二，可以呈现更加丰富和生动的消费和使用场景；第三，顾客晒单根据呈现的内容是否有消费场景、是否有顾客在场，可分为三种："单纯产品呈现""消费场景呈现""顾客在场呈现"；第四，能够让潜在顾客得以观察特定品牌或产品消费人群的真实身份，顾客晒单一方面呈现产品，另一方面也呈现自身身份。

（2）顾客晒单效应及其作用机理。顾客晒单呈现的刺激因素能够引起潜在顾客复杂的心理和行为反应，主要有两条作用路径，如图 5-1 所示。一方面，顾客晒单可以呈现产品，不同的呈现方式可以呈现产品属性及其应用场景，这可以让潜在顾客对产品进行在线体验，也能想象产品使用效果，从而影响其购买意愿，但这一影响受到产品复杂性程度的调节。另一方面，顾客晒单可以呈现顾客身份，不同顾客呈现出来的不同身份会让潜在顾客感知为相似或不相似，进而让潜在顾客感知产品是否与自我概念相符，从而影响其购买意愿，但这一影响受到产品知识的调节。这两条作用路径具有协同效应，一条路径对应产品的功能价值，另一条路径对应产品的象征价值，共同满足于人们的功能性需求和象征性需求。

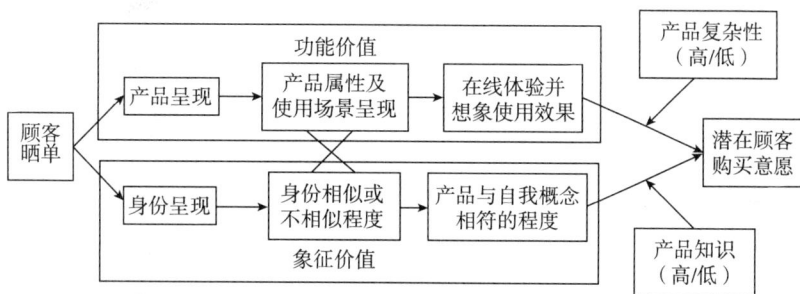

图 5 - 1　顾客晒单效应及其作用机理

　　上述访谈认为，顾客晒单会影响潜在顾客购买意愿，那么在实际的电商平台中，这种影响是否会真实存在，下面通过二手数据法进一步分析，以明确这一影响的外部效度。

四　讨论

　　本节通过定性访谈，探索了顾客在线产品呈现方式的类型，初步分析了顾客在线产品呈现对潜在顾客购买意愿的影响机理。

　　通过访谈法，本节提出并界定了在线产品呈现方式的类别。不同于以往研究根据信息线索格式的不同来分类的方法，本书根据所呈现的文本信息的内容不同来划分。根据顾客在线产品呈现的内容中是否有产品消费场景、是否有顾客在场等因素，把顾客产品呈现的文本分为三种：第一种是"单纯产品呈现"，是指顾客在线呈现的、与产品有关的文本信息内容只有产品本身，没有任何周围环境、消费场

107

景，也没有顾客和其他人物在场；第二种是"消费场景呈现"，是指顾客在线呈现的、与产品有关的文本信息内容中除了产品本身之外，还有产品消费或使用的场景，但没有顾客或其他人物在场；第三种是"顾客在场呈现"，是指顾客在线呈现的、与产品有关的文本信息内容中除了产品和产品消费场景之外，还有顾客或其他人物在场。

通过访谈，本节初步验证了单纯产品呈现、消费场景呈现和顾客在场呈现这三种产品呈现方式的存在性、可被感知性及其效应的差异性。具体来说，初步验证了产品呈现效应和身份呈现效应的存在性。考虑到尚未有实证研究证实这种影响，因此，这种初步探索为后面的验证性研究打下了良好的基础；对本书的假设进行了初步检验，讨论结果支持产品呈现方式和身份呈现类型对购买意愿所具有的影响的假设；被访者认为购买复杂、贵重的产品时会更为重视和关注产品呈现，而日常生活用品则关注较少；认为购买象征性的、社交产品时会重视产品的其他使用者身份；并为后续实验研究的情景设计和挑选实验样品做准备。

本节虽然对顾客在线产品呈现的类型及其对潜在顾客购买意愿的影响进行了初步探索，但还只是定性研究，有待进一步进行深入的定量分析。

第二节　二手数据法探索顾客晒单的有用性

一　研究目的及设计

本节通过真实网购环境中客观的二手数据，来考察顾客晒单是否影响潜在顾客的购买意愿，从而明确研究结论的外部效度，也为后续研究奠定基础。具体来说，主要基于京东商城和淘宝网上购物平台的二手数据，初步探索现实顾客在商品评价中的"晒图"对潜在顾客感知有用性的影响。本节不直接考察"晒图"对购买意愿的影响，是由于在网购情景中影响消费者购买意愿的因素很多，二手数据不能很好地进行控制，因此，这里参照黄静等（2015）的做法，用商品评价的有用性来代替购买意愿。商品评价的有用性是商品评价的浏览者对该条评价对其是否有用的投票，本书用"点赞"的数量来衡量，京东商城、淘宝等电商平台上能够提供这类数据。商品评价的有用性满足了消费者网购决策前的信息需求（陈江涛等，2012），帮助消费者减少了购买决策中的不确定性，最终显著影响消费者的购买决策（黄静等，2015）。因此，本书用商品评价的有用性来代替购买意愿，暂不直接回答对购买意愿的影响这一问题。

二　样本选取及数据收集

本节选择京东、淘宝和苏宁易购平台作为数据收集的平台，原因为它们是全国主要的购物平台，具有较好的晒单功能，可以提供数量丰富的晒图，也可以得到较多的有用性评价（即点赞数）。在三大平台上，选取的样本包括电子产品、服装、家具、办公用品、日用品等不同产品类别的 6 种产品，而不是只收集某一种特定产品的数据，目的是避免偶然性和系统性误差。收集数据的时间为 2020 年 10 月 18日，抓取了商品评论中前二十页的数据（每页 10 条评论），因为消费者在阅览产品评论翻页时，一般不会翻到 20 页之后，最终得到了1200 条有效评论。每种商品采集了以下数据：①产品名称及型号；②点赞数；③晒图数；④评论字数；⑤评论回复数。商品样本及评论特征的选取见表 5 - 1 和表 5 - 2。

表 5 - 1　　　　　　　　　　商品信息

商品类别	具体型号	评论总数
羽绒服	HLA 海澜之家	200
智能手机	华为（HUAWEI）P40	200
沙发	布斯现代简约沙发	200
运动鞋	乔丹运动鞋	200
笔记本	得力 7653	200
湿纸巾	清风 80 片家庭装	200

表 5 – 2   商品评论的总体特征

评论所属商品	获点赞的评论数	最多点赞数	有晒图的评论数	最多晒图数	最多字数	最少字数	评论回复数
羽绒服	56	48	78	8	176	2	34
智能手机	83	24	119	9	300	9	156
沙发	22	8	27	6	163	17	19
运动鞋	20	5	101	5	118	4	5
笔记本	41	18	194	9	475	12	16
湿纸巾	20	21	125	8	119	3	12

三　顾客晒单的有用性分析

以往研究表明，评论长度（字数）、评论发表时间（天数）、评论回复数等都会影响评论的有用性。考虑到当前电商平台中商品评论的排序，往往采取默认的方式，即并非按时间先后排序，除非用户专门点选按"时间排序"按钮，这会导致一些较早的评论排在前面而有更多机会获得关注与点赞。因此，本节仅将评论的字数和回复数作为控制变量纳入模型当中。为了消除各个变量不同量纲的影响，模型中对所有变量都进行对数化处理。为了便于对数化处理，对可能取值为0的变量都进行 +1 处理，建立回归模型如下：

$$\ln(\text{usef}) = \beta_0 + \beta_1 \ln(\text{unboxing}) + \beta_2 \ln(\text{word}) + \beta_3 \ln(\text{reply}) + \varepsilon$$

其中，ε 表示随机误差；usef 表示该条评论的有用数 +1；Unboxing 表示该条评论的晒图有无 +1；word 表示该条评论的字数；reply 表示该条评论回复数 +1；usef、unboxing 和 reply 之所以加 1 处理是为了对数化方便。

用阶层回归的方式研究"晒单"的有用性，模型 1 将对数化处理后的有用性作因变量，将对数化处理后的评论长度和回复人数分别作为自变量。模型 2 是在模型 1 的基础上加入有无晒图作为自变量。回归分析得到表 5 – 3。

表 5 - 3　　　　　　　　　　　晒图对评论有用性的影响

模型	模型 1		模型 2	
变量	非标准化系数	t 值	非标准化系数	t 值
常数	- 0.178 **	2.094	- 0.285 ***	- 3.409
ln（word）	0.078 ***	3.346	0.072 ***	3.149
ln（reply）	0.985 ***	26.646	0.985 ***	25.444
ln（unboxing）			0.367 ***	8.275
R^2	0.405		0.437	
Sig. F	0.000			

注：*、**、*** 分别表示在 0.1、0.05 和 0.01 的水平上显著。

分析表 5 - 3，模型 1 中的 ln（word）和 ln（reply）两个自变量的系数均达到了正向显著性水平（p = 0.000），这说明了两种关系。第一，评论长度正向影响在线评论有用性。这可能是因为评论字数多，一方面可以提供更多的信息，另一方面也反映评论者细心认真的态度。第二，评论回复人数正向影响在线评论有用性。其解释可能是，评论回复可以披露消费者比较关心的问题，评论回复人数越多，说明这条评论反映消费者关心的问题越多，从而使评论的有用性增强。

在模型 2 中引入了对数化处理后的晒图有无（unboxing）作为自变量时，发现 ln（word）、ln（reply）和 ln（unboxing）三个自变量的系数均达到了显著性水平，说明顾客晒单正向影响在线评论的有用性。另外，模型 2 的 R^2 由 0.405 提高到了 0.437，R^2 的变化为 0.032，大于 3%，且 Sig. F 为 0.000，即模型 2 的解释力度达到了 43.7%，而且在模型 1 的基础上加入有无晒图变量（unboxing）具有显著意义。具体来说，模型 2 中有无晒图的回归系数正向显著（p = 0.000），表明当评论中有晒图时，该评论的有用性将显著提高。综上所述，评论中的顾客晒图会显著影响潜在顾客对其评论的有用性感知，从而影响潜在顾客的购买意愿。

四　讨论

本节通过收集网购平台上真实的二手数据，探索了商品评价中的顾客"晒图"对潜在顾客感知评论有用性的影响。本节研究参照黄静等（2015）的做法，用商品评价的有用性来代替购买意愿，从而间接考察"晒图"对购买意愿的影响。数据分析的结果表明，评论中的顾客"晒图"会显著影响潜在顾客对其评论的有用性感知。评论的有用性是影响消费者购买意愿的重要指标，因此，我们可以初步地间接推测顾客晒图会影响潜在顾客的购买意愿。

但是，顾客"晒图"是否直接影响潜在顾客的购买意愿？如果有影响，其影响机理是什么？有哪些作用边界？这些还缺乏直接的、定量的证据，有待进一步的实验研究。

第三节　预测试

一　研究目的与设计

在实施正式的研究之前，需要对前测问卷进行预测试，用以检验问卷的质量、量表的信度和效度，以保证正式研究的科学性。预测试主要有以下目的。第一，对问项的内容、措辞、顺序和布局、问题难度以及填写说明等进行沟通交流，发现并修改问卷当中可能存在的问题；第二，对各变量量表的信度进行检验，净化题项，以保证量表的可靠性和稳定性，从而形成最终的实验问卷；第三，对三种产品呈现方式的存在性、可感知性以及概念界定进行初步测量。

本书中顾客身份相似性、产品临场感、自我—品牌联结、产品复杂性、产品知识和购买意愿这些变量的测量量表，都是在借鉴国外学者研究的基础上形成的，都经过严谨的验证，因此具有较好的内容效度和聚合效度。为检验各变量的信度，在产品呈现和身份呈现效应及作用机制实验的预测试中设计 4 种问卷，每种问卷分别发放 50 份，共 200 份问卷，回收有效问卷 182 份，有效问卷比例为 91%。本书通过常用的修正项目总相关系数（CITC）和克隆巴赫 α 系数（Cron-bach'α）来进行量表信度检验。CITC 表示量表中某一题项与其余题项总分的相关系数，该系数值越高，表示该题项与其他题项的内部一致性越高（吴明隆，2010）。一般认为，当 CITC < 0.35 时，可考虑删除该题项，再计算其他题项的 CITC，直到所有题项都大于 0.35。Cronbach'α 系数是李克特量表中常用的信度检验指标，该系数值越大，说明量表的信度越高。一些学者认为，α 系数值如果在 0.60—0.65 最好不要，介于 0.65—0.70 是最小的可接受值；α 系数值介于 0.70—0.80 相当好，在 0.80—0.90 非常好。吴明隆（2010）认为，一般来说，题项越多，内部一致性 α 系数会越高，若题项的内部一致性佳，则删除某个题项后的新 α 系数会较原来的低，若刚好相反，表示该题项与其余题项的内部一致性较差，可以考虑删除。基于此，本书删除题项的判断标准为：①CITC < 0.35；②题项删除后 Cronbach'α 系数变大，同时满足这两个条件时，将删除相应题项。

二 预测试过程和结果

经预调查，对预测试问卷进行统计分析，得到了各量表项目整体统计量和 Cronbach'α 系数，数据汇总见表 5 - 4。

表 5 - 4　　　　　各变量项目整体统计量和 Cronbach'α

变量	项目	修正项目总相关系数	该项目删除时的 Cronbach'α	Cronbach'α值
产品临场感	1. 您可以非常容易地设想 ∗∗ 产品和它的特点	0.469	0.813	0.819
	2. ∗∗ 产品的主要特性/功能得到了生动地呈现	0.613	0.784	
	3. 您能获得/理解 ∗∗ 产品的必要信息	0.638	0.779	
	4. 您可以很容易地想象自己使用这种产品时的情景	0.629	0.781	
	5. 总体体验就像您在实体店买产品一样	0.570	0.794	
	6. 这种产品呈现方式是生动的、有吸引力的	0.588	0.790	

变量	项目	修正项目总相关系数	该项目删除时的Cronbach'α	Cronbach'α值
购买意愿	1. 您愿意试用这种产品	0.810	—	0.894
	2. 您很可能会购买这种产品	0.810	—	
身份相似性	1. 您觉得自己与这种品牌产品的消费者有多相似？	0.675	—	0.799
	2. 您认为自己与这种品牌产品的消费者属于同一社会群体或同一类型的人	0.675	—	
自我—品牌联结（题项删除前）	1. ＊＊品牌反映了您是什么人	0.495	0.587	0.649
	2. 您认同＊＊品牌	0.345	0.673	
	3. 您感到与＊＊品牌存在一种人际关系（或情感上的联系）	0.214	0.775	
	4. 您认为可以通过使用＊＊品牌产品来向别人展示您是什么样的人	0.456	0.599	
	5. ＊＊品牌产品可以帮助您成为您想成为的那类人	0.553	0.568	
	6. 您认为＊＊品牌产品反映了您自己想要的形象，或者您想展示给别人的形象	0.513	0.578	
	7. ＊＊品牌非常适合您的身份	0.402	0.609	
自我—品牌联结（题项删除后）	1. ＊＊品牌反映了您是什么人	0.542	0.745	0.781
	2. 您认为可以通过使用＊＊品牌产品来向别人展示您是什么样的人	0.461	0.770	
	3. ＊＊品牌产品可以帮助您成为您想成为的那类人	0.677	0.697	
	4. 您认为＊＊品牌产品反映了您自己想要的形象，或者您想展示给别人的形象	0.657	0.704	
	5. ＊＊品牌非常适合您的身份	0.449	0.774	

续表

变量	项目	修正项目 总相关系数	该项目删除时的 Cronbach'α	Cronbach'α 值
产品 复杂性	1. 您认为该蓝牙自拍杆的零部件数量相对较多	0.508	0.801	0.802
	2. 您认为该蓝牙自拍杆的生产工艺更复杂	0.697	0.711	
	3. 您认为该蓝牙自拍杆的组件更难模块化	0.641	0.742	
	4. 您认为该蓝牙自拍杆设计所需的专业知识水平较高	0.628	0.747	
产品 知识	1. 您在＊＊这类产品方面知识丰富	0.834	0.932	0.941
	2. 您对购买＊＊这类产品经验丰富	0.890	0.914	
	3. 您对＊＊这类产品非常了解	0.903	0.910	
	4. 您对＊＊这类产品是行家	0.815	0.937	

分析表5-4，产品临场感、购买意愿、身份相似性、产品复杂性和产品知识量表的 CITC 均高于 0.35，且初始的 Cronbach'α 都在 0.7以上，相关题项删除后也没有发现系数变大的情形，说明这三个量表具有较好的信度，题项不需要修订，可以进行正式调查。

但自我—品牌联结量表（题项删除前）中题项 2 和题项 3 的 CITC分别为 0.345 和 0.214，均小于 0.35，而且题项 2 和题项 3 删除后的Cronbach'α 分别为 0.673 和 0.775，均大于题项删除前量表的 Cronbach'α 系数 0.649，符合上述判定标准，因此，这两个题项应予以删除。在删除这两个语项后，自我—品牌联结量表（题项删除后）的CITC 均高于 0.35，且 Cronbach'α 都在 0.7 以上，量表相关题项删除后也没有发现系数变大的情形，说明修改后的量表具有较好的信度。正式实验研究将采用修改后的包含 5 个题项的自我—品牌联结量表。

预测试的另一个目的是对实验情景设计的实验样品和刺激文本是否恰当进行检验，刺激文本包括产品呈现的图片和身份呈现的文字描述能否被清晰识别。特别说明的是，在产品呈现效应实验中需要选取合适的实验样品，开始选择的是品牌手提包，但在预测试所进行的调研和访谈中发现，被访者在购买手提包时会非常关注手提包的外形款式、风格、颜色等，而这些因素对购买意愿的影响甚至超过了产品呈现方式的影响。因此，需要寻求一种消费者重视产品呈现，但产品风格、款式差异影响较小的产品类型。后来，经与营销专业的专家和博士生多次讨论，最后选择了自拍杆和智能手环作为实验样品，以减少实验样品款式、风格等外生变量的影响，提高实验的内容有效性。同时，为了提高产品的复杂程度，要求自拍杆带蓝牙功能，并配有三脚架。再次测试，结果发现情景设置清晰，实验样品符合要求。此外，预测试还初步检验了变量间的关系，变量间的关系基本符合期望。

为了检验三种产品呈现方式可感知性、可操控性及其概念界定的准确性，本书研究从网上购买获得蓝牙自拍杆后，请志愿者协助拍摄三种类型的产品呈现图片若干张。照片拍摄完后，按需要进行电脑处理，以使这些照片符合各组图片要求。为防止其他信息的干扰，三种产品呈现方式所呈现的产品功能都相同，产品摆放样式和图片尺寸大小等都基本相同，唯一不同的是产品呈现方式，即呈现内容中有无消费或使用场景、有无顾客在场。然后，请被试回答照片中是否有产品、有场景、有人物，以及产品临场感、购买意愿等问项。数据分析发现，被访者对产品呈现的不同内容有明显感知，并在产品临场感和购买意愿上有差异化的反应。这初步验证了三种产品呈现方式的存在性，以及概念界定与操纵的准确性。

通过预测试，本节对问卷、量表、实验样品、实验情景的文本进行了修改和完善，为正式研究奠定了基础。特别是在数据统计的基础上，对产品临场感、身份相似性、自我—品牌联结、产品复杂性、产品知识和购买意愿等变量的信度进行了检验，确定了用于正式研究的量表，并初步检验了这些变量之间的关系。

第六章

产品呈现效应及作用机制

从第六章开始到第八章为实证部分，主要采取实验法进行实证研究。本章旨在研究产品呈现效应及其作用机制（见图 6-1），为顾客晒单效应理论模型（见图 4-1）中的上半部分。具体通过两项实验来进行实证检验：实验一研究产品呈现效应及产品临场感的中介作用，实验二研究产品复杂性程度的调节作用。实验采取情景模拟与消费者自我报告相结合的方法进行。在实施正式研究之前，均设计了前测问卷进行预测试。预测试的目的是对实验情景的刺激文本进行检验，包括实验样品的选择是否恰当，以及产品呈现的图片和文字描述能否被清晰识别。通过预测试，本书对问卷、量表、实验样品、实验情景的文本进行完善，为正式研究做好准备。

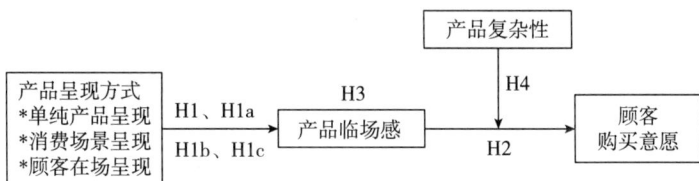

图 6-1　产品呈现效应及其作用机制

第一节 产品呈现效应及产品临场感中介作用

一 实验设计

(一) 实验类型与组织

本节旨在探讨不同产品呈现方式对产品临场感和顾客购买意愿的影响,由于需要对研究变量及对象进行操控,所以采用实验法。实验设计采用单因子简单组间设计,使受测者不能得知本节研究的实验全貌,避免被试因为得知实验目的而迎合本书研究做出反应。实验把所有被试随机分成三组:单纯产品呈现组、消费场景呈现组和顾客在场呈现组。在线产品呈现可以用文字、静态图片、音频和视频等多种文本格式,本节研究选择图片呈现作为主要的实验材料,主要因为它是顾客在线产品呈现的最主要、最便捷的形式。而且,音频、视频等涉及身体的行为和影响,摄像技术也相对复杂,不便于操作。

为了保证研究质量,实验刺激物的样品必须满足以下条件:①产品不能太简单,也不能是消费者非常了解和熟悉的产品(如食盐、牙膏等日常生活用品),以确保网购中的消费者有需求去看那些"晒图";②样品所属产品类别的不同产品的款式风格差异不大,能够较好地消除自变量(即产品呈现方式)以外的外生变量(如产品的款式风格)对购买意愿的影响。在正式实验之前,通过预测试来确定合适的实验材料,如研究一。通过预测试和访谈调研,本节研究选择自拍杆作为实验样品。另外,为了防止自拍杆过于简单,适当提高产品的复杂程度以增加被试对产品临场感的心理需求,本书选择带蓝牙功能并配备三脚架的自拍杆,自拍杆从网上购买获得。

设计问卷的字体、颜色、排版等仿照淘宝网页面设计。本节研究选取湖北某综合性大学的部分大学生作为样本,他们自愿接受本次实验。把三组图片分别展现给相应组的被试,被试看完图片后,被要求填写产品临场感和顾客购买意愿量表以及其他一些操控性检验的问项。

（二）自变量水平的操纵

从网上购买获得蓝牙自拍杆后，请志愿者协助拍摄三种类型的产品呈现图片若干张。照片拍摄完后，有些还需要进行电脑处理，以使这些照片符合各组图片要求。为防止其他信息的干扰，三种产品呈现方式所呈现的产品功能都相同，产品摆放样式和图片尺寸大小都基本相同，唯一不同的是产品呈现方式，即呈现内容中有无消费或使用场景、有无顾客在场。

单纯产品呈现图片的要求：仅有产品，没有任何消费或使用背景。消费场景呈现图片的要求：有产品，有消费场景，但没有任何人物在场。顾客在场呈现图片的要求：不能明显看出在场顾客的社会身份。然后，基于研究一中提出的三种产品呈现方式的操作性定义，选择"单纯产品呈现"图片 3 张、"消费场景呈现"图片 3 张、"顾客在场呈现"图片 3 张作为实验材料，其中要求每张图片对应产品的一种功能，三组图片所对应的产品功能均相同。

（三）控制变量的处理

以下几个方面的因素可能会影响实验结果：一是实验样品自身的属性特征，如本实验中自拍杆的品牌、价格、颜色、质量等；二是图片呈现的内容，主要含有消费场景和在场的顾客，可能会暴露产品使用者的身份或影响被试的心情，从而干扰被试的心理行为反应；三是被试的特征，如性别、职业、是否具有网购经验以及对自拍杆的态度和需求等。在本实验中，由于考虑到使用真实的品牌名称会比较容易产生品牌联想，还可能会引入一些较为复杂的干扰因素，所以我们采用了以字母"M"来代替品牌名称的方式。为消除价格的影响，本实验研究不标具体价格，而说明"价格符合您的预算"；为消除颜色的影响，注明"黄色、黑色、蓝色、粉色等各种颜色可选"；为了消除质量的影响，在产品呈现中专门附文字评论"很满意，除了自拍……物有所值！"为了使图片呈现的内容不暴露产品使用者的身份或影响被试的心情，消费场景呈现组取景的环境是一个绿色的橡胶运动场，具有大众化、内容简洁明了的特点，不同身份类型的人都有可能在其中活动；顾客在场呈现组取景的环境也是相同的运动场，所不同的是有顾客在场，为不暴露在场顾客的身份，图片中只显示其身体的一部分（手或腿）。针对被试的特征，本实验以大学生为被试，设置"与亲朋好友外出旅游"这样一种"打算购买自拍杆的情景"，同时尽量使男、女样本比例相当，并排除没有网购经历的被试。

二　实验过程

样本选自湖北省内某综合性大学，179 名学生自愿接受了本次实验，其中男生 88 人，占 49.1%，女生 91 人，占 50.9%。实验被试被随机分到三组：第一组是单纯产品呈现组，第二组是消费场景呈现组，第三组是顾客在场呈现组。他们均并被告知假如自己需要购买一款带蓝牙功能的自拍杆，正在某网络零售平台上购物，对品牌产品的态度及购买意愿完全取决于自己。然后，所有实验被试被呈现在一个类似于在线购物网站产品介绍的文本前，尽量模拟真实场景，文本中尽可能提供除产品图片以外的信息（包括产品参数、评论、网店评分等）。针对顾客在线产品呈现的实际，配备了非常简单的文字评论："很满意，除了自拍，还可以当手机支架，太方便了，物有所值！"产品介绍文本内容分别如下。

"想象一下，在即将到来的假期，您计划与亲朋好友一起外出旅游，为此，您打算购买一款带蓝牙功能的自拍杆。现在您正在某网络零售平台搜寻适合自己的产品，这时您对 M 牌的一款自拍杆产生初步兴趣，产品价格符合您的预算，基本信息如下。"

名称：M 牌蓝牙自拍杆 促销：赠送三脚架 颜色：黄色、黑色、蓝色、粉色等可选 长度：100cm 重量：242g 蓝牙链接范围：10m 适用范围：配备 ios 系统 5.0 以上或安卓系统的手机及平板电脑	商品评分：4.8 店铺评分：4.8

所有的被试看完产品介绍文本以后，实验人员根据被试所在组别，给他们提供所在组别的产品呈现类型的图片。为了得到彩色、清

晰的产品图片，所有产品图片都通过教室投影仪进行投放。具体三个组的产品呈现内容分别如下。

第一组：单纯产品呈现组

在做购买决策之前，您通过网络，查看了其他已购买该产品的消费者晒出的一些产品图片，具体为：

很满意，除了自拍，还可以当手机支架，太方便了，物有所值！

（笔者拍摄）

第二组：消费场景呈现组

在做购买决策之前，您通过网络，查看了其他已购该产品的消费者晒出的一些产品图片，具体为：

很满意，除了自拍，还可以当手机支架，太方便了，物有所值！

（笔者拍摄）

第三组：顾客在场呈现组

在做购买决策之前，您通过网络，查看了其他已经购买该产品的消费者晒出的一些产品图片，具体为：

很满意，除了自拍，还可以当手机支架，太方便了，物有所值！

（笔者拍摄）

被试看完评论后，被要求填写产品临场感和品牌购买意愿量表和其他操控性问项。产品临场感量表参照 Jungjoo Jahng（2000）开发的量表，根据本书研究的具体情景进行略微修改，采用 7 点李克特量表（1 表示非常不同意；7 表示非常同意），具体为：①您可以非常容易地设想 ＊＊ 产品和它的特点；② ＊＊ 产品必要的特性/功能可以生动地呈现；③您能获得/理解 ＊＊ 产品的必要信息；④这种产品呈现方式是生动的、有吸引力的；⑤总体感觉好像您在现场体验产品一样；⑥您可以想象自己使用这种产品时的情景。

购买意愿量表参照 Bruner 等（1992）的做法，由两个题项构成：①您愿意试用这种产品；②您很可能会购买这种产品，采用 7 点李克特量表（1 表示非常不同意；7 表示非常同意）。最后对被试的人口统计特征进行调查，包括性别、年龄、学历、有无网购经历等信息。

三 操控检验

在进行操控性检验之前，我们首先检验了实验中产品临场感、顾客购买意愿等变量的信度，结果显示：产品临场感的 Cronbach'α 为 0.814，顾客购买意愿的 Cronbach'α 为 0.710，说明量表具有较高的信度。

其次对三种产品呈现方式的所选图片进行检验，测量问项有三个，分别为"您在上述图片中，能看见产品本身""您在上述图片中，能看见产品消费或使用的场景""您在上述图片中，能看到使用的顾客在场"（1 = 非常不同意，7 = 非常同意），检验数据如表 6 - 1 所示。对单纯产品呈现组来说，图片中能看见产品本身的均值为 $M_{有产品} = 6.08$，而能看见消费场景的均值为 $M_{有场景} = 1.82$，能看见使用顾客的均值为 $M_{有顾客} = 1.36$，它们与中位数 4 相比有显著差异，这说明单纯产品呈现组选择的三张图片在被试看来只有产品本身，没有消费场景，也没有顾客在场，符合本组的要求。对消费场景呈现组来说，图片中能看见产品本身的均值为 $M_{有产品} = 5.96$，能看见消费场景的均值为 $M_{有场景} = 5.81$，而能看见使用顾客的均值为 $M_{有顾客} = 2.17$，它们与中位数 4 相比有显著差异，这说明消费场景呈现组选择的三张图片在被试看来既有产品本身，也有使用场景，但没有顾客在场，符合本组要求。对顾客在场呈现组来说，图片中能看见产品本身的均值为 $M_{有产品} = 5.84$，能看见场景的均值为 $M_{有场景} = 5.97$，能看见使用顾客的均值为 $M_{有顾客} = 5.33$，它们与中位数 4 相比有显著差异，这说明顾客在场呈现组选择的三张图片在被试看来既有产品本身，也有消费场景，还有顾客在场，符合本组要求。综上所述，产品呈现的三种方式操控成功。

表 6 - 1　单纯产品呈现组、消费场景呈现组和顾客在场呈现组的
操控性检验

操控检验	$M_{有产品}$	$M_{有场景}$	$M_{有顾客}$
单纯产品呈现组	6.08	1.82	1.36
消费场景呈现组	5.96	5.81	2.17
顾客在场呈现组	5.84	5.97	5.33

四　假设检验

针对"您在网上购物时，除了关注商家发布的产品图片，也会关

注消费者晒出的产品图片"问项（1＝非常不同意，7＝非常同意），统计数据发现关注消费者晒图的均值为 $M_{关注晒图}$ ＝6.42，说明消费者网购时会普遍关注其他消费者的晒图。下面对顾客在线产品呈现效应的相关假设进行检验。

（一）产品呈现方式对产品临场感影响的检验

运用单因素方差分析对三个组的产品临场感差异进行检验。数据结果表明，不同产品呈现方式所引发的产品临场感具有显著差异（F＝5.224，P＝0.007＜0.05）。为进一步了解两两组别间的差异，继续用 Scheffe 法进行事后多重比较。消费场景呈现组的产品临场感显著高于单纯产品呈现组的产品临场感，组间均值差异为0.647（P＝0.000＜0.05）；顾客在场呈现组的产品临场感显著高于单纯产品呈现组的产品临场感，组间均值差异为0.482（P＝0.004＜0.05）；而顾客在场呈现组的产品临场感与消费场景呈现组的产品临场感没有显著差异，组间均值差异为0.164（P＝0.624＞0.05）。因此，H1、H1a和 H1b 得到数据支持，而 H1c 没有得到支持。

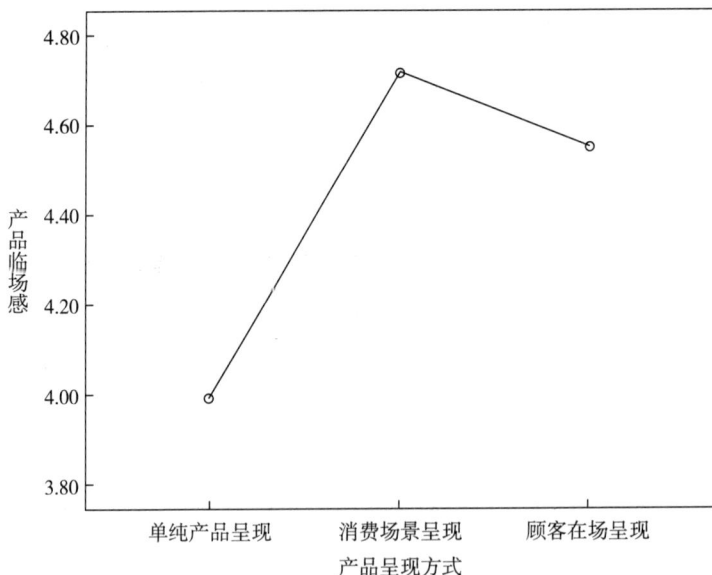

图6-2　产品呈现方式对产品临场感影响的均值

（二）产品临场感对购买意愿影响的检验

为了弄清变量间的关系，我们首先对这两个变量做了 Pearson 相关系数检验。数据表明，产品临场感与购买意愿之间的皮尔逊相关系数为 0.488，P 值等于 0。进一步用回归方程进行购买意愿对产品临场感的回归，产品临场感的系数显著（$\beta = 0.559$，$t = 6.575$，$P = 0.000 < 0.05$）。这些说明产品临场感与购买意愿正相关。

为了检验产品临场感对购买意愿的影响，我们把所有样本的产品临场感以中值 4 为临界点分为高（≥4）、低（<4）两个不同水平，采用独立样本 T 检验进行比较，发现高产品临场感组的购买意愿显著高于低产品临场感组的购买意愿（$M_{高} = 4.64$ Vs $M_{低} = 3.94$，$t = 4.441$，$P = 0.000 < 0.05$）。因此，H2 得到支持。

（三）产品临场感中介效应检验

首先，我们分析产品呈现方式对购买意愿影响的主效应。运用单因素方差分析，结果表明三种产品呈现方式所引发的顾客购买意愿差异显著（$F = 5.819$，$P = 0.004 < 0.05$）。为进一步了解两两组别间的差异，用 Scheffe 法继续进行事后多重比较。消费场景呈现组的购买意愿显著高于单纯产品呈现组的购买意愿，组间均值差异为 0.728（$P = 0.007 < 0.05$）；顾客在场呈现组的购买意愿显著高于单纯产品呈现组的购买意愿，组间均值差异为 0.632（$P = 0.017 < 0.05$）；而顾客在场呈现组的购买意愿与消费场景呈现组的购买意愿没有显著差异，组间均值差异为 0.096（$P = 0.886 > 0.05$）。

既然产品呈现方式对购买意愿具有显著影响，而产品临场感受到产品呈现方式的影响，那么，产品临场感会不会在产品呈现方式对购买意愿的影响中起中介作用呢？可运用两种方法分别进行验证。第一种方法，按照 Zhao 等（2010）提出的中介检验程序，运用 PROCESS 插件，采用 Bootstrap 法进行中介效应检验，模型选择、样本大小、取样方法和置信度等参数分别设定为模型 4、5000、有偏差校正的非参数百分位法和 95%。运行结果（见表 6 - 2）发现，产品临场感在产品呈现和购买意愿之间的中介效应（X—M—Y）对应的 95% 的置信区间［0.025，0.229］不包含 0，说明产品临场感的中介效应显著；

产品呈现对购买意愿的直接效应（X—Y）对应的95％的置信区间
［－0.043，0.351］包含0，说明产品呈现对购买意愿的直接效应不
显著。因此，产品临场感具有完全中介作用，H3得到证实。

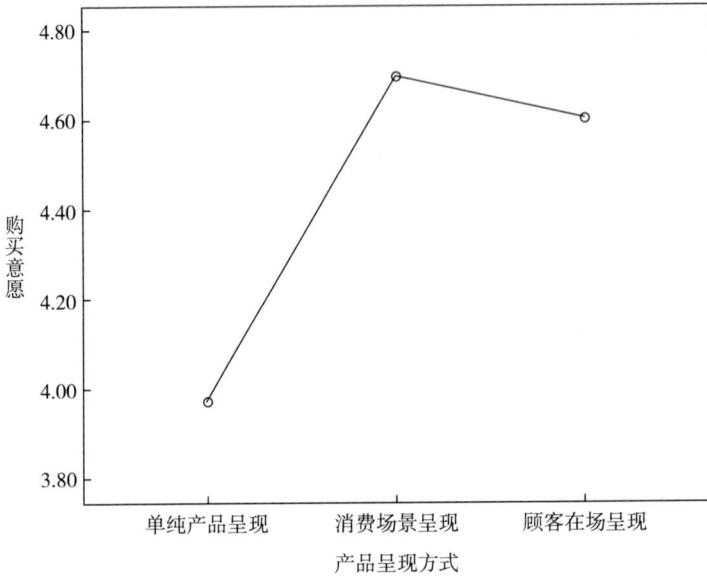

图6-3　产品呈现方式对购买意愿影响的均值

表6-2　　产品临场感在产品呈现和购买意愿之间的中介效应

效应类别	路径	效应估计	95％置信区间（CI）	
			下限（LLCI）	上限（ULCI）
总效应	X—Y	0.274	0.058	0.490
直接效应	X—Y	0.154	－0.043	0.351
间接效应	X—M—Y	0.120	0.025	0.229

第二种方法，采用依次检验回归系数的方法，进行中介效应的检
验（温忠麟等，2004），得到数据如表6-3所示。

第一步，把产品呈现方式定义为虚拟变量"消费场景呈现＆单纯
产品呈现"和"顾客在场呈现＆单纯产品呈现"，再用顾客购买意愿

表6-3 产品临场感中介效应回归方程模型

产品临场感中介效应回归方程模型		非标准化系数		标准化系数	t	P
		β	Std. Error	Beta		
回归方程1：购买意愿	（Constant）	3.970	0.175		22.703	0.000
	消费场景呈现 & 单纯产品呈现	0.728	0.227	0.334	3.206	0.002
	顾客在场呈现 & 单纯产品呈现	0.632	0.218	0.302	2.894	0.004
回归方程2：产品临场感	（Constant）	3.990	0.154		25.834	0.000
	消费场景呈现 & 单纯产品呈现	0.725	0.201	0.374	3.615	0.000
	顾客在场呈现 & 单纯产品呈现	0.561	0.193	0.301	2.909	0.004
回归方程3：购买意愿	（Constant）	2.025	0.384		5.276	0.000
	产品临场感	0.487	0.088	0.434	5.562	0.000
	消费场景呈现 & 单纯产品呈现	0.375	0.215	0.172	1.740	0.084
	顾客在场呈现 & 单纯产品呈现	0.359	0.204	0.171	1.759	0.081

对其进行回归，"消费场景呈现 & 单纯产品呈现"的回归系数显著（β = 0.728，t = 3.206，P = 0.002 < 0.05），"顾客在场呈现 & 单纯产品呈现"的回归系数显著（β = 0.632，t = 2.894，P = 0.004 < 0.05）。这表示与单纯产品呈现方式相比，消费场景呈现和顾客在场呈现方式能引发更强的购买意愿。

第二步，进行产品临场感对产品呈现方式虚拟变量的回归，"消费场景呈现 & 单纯产品呈现"的回归系数显著（β = 0.725，t = 3.615，P = 0.000 < 0.05），"顾客在场呈现 & 单纯产品呈现"的回归系数显著（β = 0.561，t = 2.909，P = 0.004 < 0.05）。这表示与单纯产品呈现方式相比，消费场景呈现和顾客在场呈现方式能引发更强的产品临场感。

第三步，进行购买意愿对产品临场感和产品呈现方式虚拟变量的回归，"消费场景呈现 & 单纯产品呈现"的回归系数不显著（β = 0.375，t = 1.740，P = 0.084 > 0.05），"顾客在场呈现 & 单纯产品呈现"的回归系数不显著（β = 0.359，t = 1.759，P = 0.081 > 0.05），而产品临场感的系数显著（β = 0.487，t = 5.562，P = 0.000 <

0.05）。这表示当把产品呈现方式和产品临场感同时纳入回归方程时，产品临场感对购买意愿有显著正向影响，而产品呈现方式的影响则不显著。这说明产品临场感完全中介于产品呈现方式对顾客购买意愿的影响，即消费场景呈现比单纯产品呈现会引发潜在顾客更高的产品临场感从而导致更高的购买意愿；顾客在场呈现比单纯产品呈现引发潜在顾客更高的产品临场感从而导致更高的购买意愿。

温忠麟和叶宝娟（2014）认为，如果检验结果显著，依次检验的结果将强于 Bootstrap 法检验。因此，我们可以认为产品临场感完全中介于产品呈现对购买意愿的影响。综上所述，我们运用两种方法检验均得到同样的结论，即 H3 得到数据支持。

第二节　产品复杂性的调节作用

一　实验设计

本节旨在探讨产品复杂性在产品临场感对顾客购买意愿影响中的调节作用。实验采用 2（产品临场感：高、低）×2（产品复杂性：高、低）双因子设计。为了保证本实验的质量，实验样品的选择需要满足以下条件：①产品不能太简单，也不能是消费者非常了解和熟悉的产品（如食盐、牙膏等日常生活用品），以确保网购中的消费者有动机去看"晒图"；②样品所属产品类别的不同产品的款式风格差异不大，能够较好地消除产品呈现以外的变量对购买意愿的影响。因此，本实验中的实验样品仍然采用产品呈现效应研究中带蓝牙功能的自拍杆，它的风格相对统一，在自拍杆中属中高档次。问卷的字体、颜色、排版等仿照淘宝网页面设计。

本节研究涉及两个自变量，即产品临场感和产品复杂性，一个因变量，即购买意愿。为了得到高低不同的产品临场感，用产品呈现效应研究中消费场景呈现组的三张图片作为刺激文本，以诱发被试高产品临场感；用单纯产品呈现组中的一张图片作为刺激文本，以提高实验的操控性，从而诱发被试低产品临场感。为了让被试知晓产品所具有的功能，并附相同的文字评论"……除了自拍，还可以当手机支架，太方便了……"对产品复杂性的分组采用均值作为阈值。样本均值高于阈值的为高产品复杂性组，低于阈值的为低产品复杂性组。

二　实验过程

来自湖北某高校的 239 名学生自愿接受了本次实验，其中男生 118 人，占 49.4%，女生 121 人，占 50.6%。实验被试被随机分到四个组。实验操作过程主要分为三个部分：产品临场感（高/低）情景操控及相关问项的测量；产品复杂性相关问项的测量；购买意愿的测量及被试背景资料的调查。

在第一部分产品临场感（高/低）情景操控中，我们使用一段文字来对购物情景进行设置，他们均被告知假如自己需要购买一款带蓝牙功能的自拍杆，正在某网络零售平台上搜寻，对品牌产品的态度及购买意愿完全取决于自己。接着，所有实验被试面前呈现一个类似于在线购物网站的产品介绍文本，文本尽量模拟真实场景，尽可能提供除产品图片以外的信息（包括产品参数、评论、网店评分等）。实验人员根据被试所在组别，通过投影的方式，给他们提供所在组别的产品呈现类型图片。然后，进行产品临场感问项的测量，量表与实验一中的量表保持一致。

在第二部分产品复杂性（高/低）的分组中，采用均值作为阈值，样本均值高于阈值的为高产品复杂性组，低于阈值的为低产品复杂性组。产品复杂性量表参照 Yan 等（2015）使用的量表，采用 7 点李克特量表（1 表示完全不同意；7 表示完全同意），包括 4 条语句，具体为：①您认为该蓝牙自拍杆的零部件数量相对较多；②您认为该蓝牙自拍杆的生产工艺更复杂；③您认为该蓝牙自拍杆的组件更难模块化；④您认为该蓝牙自拍杆设计所需的专业知识水平较高。

在第三部分要求被试完成购买意愿量表，以及关于被试背景资料的调查项目，包括性别、年龄、学历、有无网购经历等信息。

三　操控检验

在进行操控性检验之前，首先测验了产品临场感、产品复杂性、购买意愿等变量的信度，结果显示：产品临场感的 Cronbach'α 为

0.883，产品复杂性的 Cronbach'α 为 0.810，顾客购买意愿的 Cron-bach'α 为 0.769，均在 0.7 以上，说明量表具有较高的信度。

运用独立样本 T 检验来分别检验产品临场感和产品复杂性的操控效果，得到表 6 - 4 和表 6 - 5。

表 6 - 4　　　　　　　产品临场感操控 T 检验结果

变量		样本数	平均数	标准差	T 值	Sig.（双侧）
产品临场感	低	124	4.1344	1.02072	- 5.432	0.000
	高	115	4.8826	1.10862		

表 6 - 5　　　　　　　产品复杂性操控 T 检验结果

变量		样本数	平均数	标准差	T 值	Sig.（双侧）
产品复杂性	低	119	2.8950	0.72959	- 19.360	0.000
	高	120	4.6229	0.64820		

表 6 - 4 和表 6 - 5 数据表明，在 0.05 的显著水平下，产品临场感高低分组和产品复杂性高低分组均具有显著差异，说明本书研究对产品临场感和产品复杂性变量的操控成功。

四　假设检验

本书采用多因素方差分析来检验产品复杂性的调节作用。把产品临场感按照情景描述分为高、低两个类别，把产品复杂性按照阈值分为高、低两个类别，以产品复杂性为调节变量进行方差分析，结果见表 6 - 6 和图 6 - 4。

表 6 - 6　　　　产品临场感和产品复杂性交互效应方差分析结果

受试者间效应项的检验（因变量：购买意愿）					
来源	型Ⅲ平方和	自由度	平均平方和	F 检验	显著性
校正后的模型	25.218[a]	3	8.406	5.300	0.001
截距	4104.147	1	4104.147	2587.522	0.000

续表

受试者间效应项的检验（因变量：购买意愿）				
产品临场感	7.383	1	7.383	4.654	0.032
产品复杂性	14.334	1	14.334	9.037	0.003
产品临场感×产品复杂性	2.267	1	2.267	1.429	0.033
误差	372.741	235	1.586		
总计	4532.000	239			
校正的总计	397.958	238			

a. R Squared = 0.063（Adjusted R Squared = 0.051）。

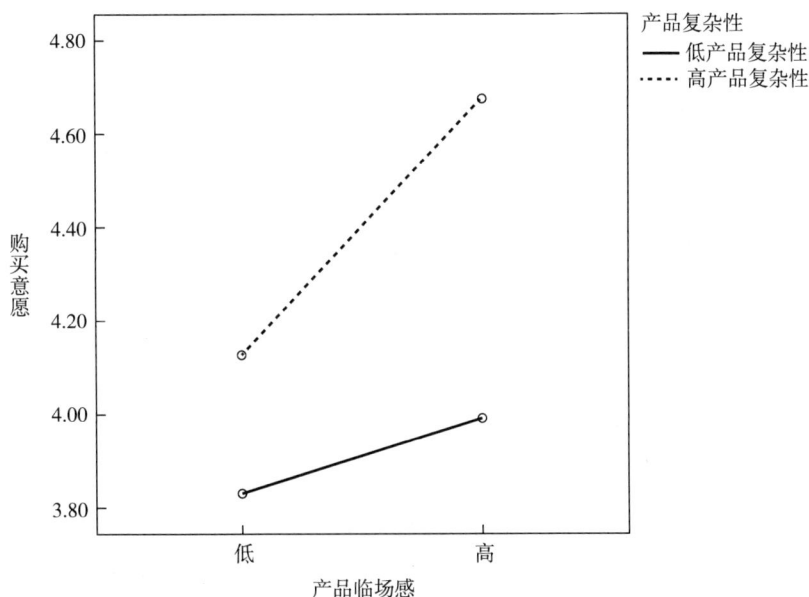

图 6-4 调节作用效果

从表 6-6 发现，产品临场感高低对购买意愿具有显著影响（F = 4.654，P = 0.032），产品复杂性程度对购买意愿具有显著影响（F = 9.037，P = 0.003），产品临场感与产品复杂性对购买意愿具有显著的交互效应（F = 1.429，P = 0.033）。

从图 6-4 可以看出，产品临场感与购买意愿呈正相关关系，这进一步支持了实验一中的 H2。但两条直线明显不平行，说明产品临场感与产品复杂性之间存在调节作用。可以看出，高产品复杂性比低产品复杂性情景下所表现出来的斜线更为陡峭，说明相较于低产品复杂性，高产品复杂性下的产品临场感对购买意愿的正向影响更为明显。因而假设 H4 得到支持。

第三节　本章小结

一　研究结论

第一，顾客在线产品呈现根据呈现内容的不同可分为三种，分别是"单纯产品呈现""消费场景呈现""顾客在场呈现"，它们能够被感知，并能引发潜在顾客的差异化反应。与单纯产品呈现相比，消费场景呈现和顾客在场呈现能引发潜在顾客更强的产品临场感和购买意愿；但消费场景呈现与顾客在场呈现所引发的产品临场感和购买意愿没有显著差异。

第二，产品临场感正向影响购买意愿，并在产品呈现对潜在顾客购买意愿的影响中起到完全中介作用。消费场景呈现和顾客在场呈现会比单纯产品呈现引发潜在顾客更高的产品临场感，从而进一步导致更强的购买意愿。

第三，产品复杂性在产品临场感对潜在顾客购买意愿的影响中起到调节作用。相较于产品复杂性低的情形，当产品复杂性高时，产品临场感对潜在顾客购买意愿的正向影响更强。网购环境下，潜在顾客为降低风险和不确定性而对产品临场感具有需求，产品越简单，对产品临场感的需求就越弱，相反产品越复杂，对产品临场感的需求就越强。

本章假设检验的结果汇总如表 6-7 所示。

表6－7　　　　　　　　　　产品呈现效应研究假设检验结果

假设	分假设	假设内容	检验结果
H1		不同的产品呈现方式对引发潜在顾客的产品临场感具有显著差异	支持
	H1a	消费场景呈现比单纯产品呈现引发潜在顾客更高的产品临场感	支持
	H1b	顾客在场呈现比单纯产品呈现引发潜在顾客更高的产品临场感	支持
	H1c	顾客在场呈现比消费场景呈现引发潜在顾客更高的产品临场感	不支持
H2		产品临场感正向影响顾客购买意愿	支持
H3		产品临场感在产品呈现对购买意愿的影响中起到中介作用	支持
H4		产品复杂性在产品临场感对潜在顾客购买意愿的影响中起到调节作用，即相对于产品复杂性低的情形，当产品复杂性高时，产品临场感对潜在顾客购买意愿的影响更强	支持

二　理论贡献

第一，提出了顾客在线产品呈现对潜在顾客购买意愿影响的理论模型，弥补了以顾客为主体的产品呈现研究的不足。现有在线产品呈现的文献大多是企业进行的产品展示，而关于顾客在线产品呈现的研究很少。在互联网应用日益发展、社会化媒体和商务日益兴起的背景下，这种顾客在线产品呈现的现象将日益普遍。本书研究对这种现象进行剖析，拓展了在线产品呈现的研究领域。

第二，探究了顾客在线产品呈现方式及其对潜在顾客购买意愿的作用机制，丰富了社会临场感理论。本书研究根据产品呈现内容的不同，把顾客在线产品呈现分为三种并研究其对临场感的影响。这有别于现有临场感影响前因的研究文献，它们大多从文本信息格式（如文字、图片、视频、音频）的不同来比较影响的大小。同时，本书按照"产品呈现→产品临场感→购买意愿"的思路，厘清了产品呈现对潜在顾客购买意愿的影响机理，拓展了临场感的前置变量和后向效应研究，丰富了社会临场感理论，可促进其在电商领域中的应用和研究。

三 管理启示

第一，鼓励顾客更多地进行在线产品呈现，特别是消费场景呈现和顾客在场呈现。不同的产品呈现方式可以引发潜在顾客不同的产品临场感和购买意愿。企业需引导顾客以恰当有效的方式进行产品呈现，这能够让潜在顾客感到可以"拉近彼此之间的距离""想象产品的上身效果""喜欢有生活气息的图片""更加客观真实地了解产品"，从而提高其购买意愿。实践中，已有很多平台和商家鼓励顾客按要求发布产品使用时的真实图片，并给这种"晒单"行为返利、送赠品。

第二，对产品呈现的场景和内容进行引导，鼓励顾客呈现能给人带来积极联想、引发强自我—品牌联结的图片。因为很多时候人们喜欢的不仅是产品本身，还包括产品的使用场景。这种场景化思维可以使产品功能清晰，场景的背后隐含着生活方式和消费形态。

第三，为电商网站的功能设计提供指导，促进商家提供强大的"晒单"功能。消费者在购买品牌产品时，既有功能性需求，需要对产品进行认知和体验，又有象征性需求，需要关注该品牌是否与自我概念相符。顾客"晒单"可作为满足消费者这两种需求的工具和策略。电商平台可进一步强化"晒单"功能，设置产品分享图标，便于顾客更快捷地分享，并对顾客"晒单"行为进行引导和奖励，以此增进潜在顾客的产品体验。

第七章

身份呈现效应及作用机制

本章主要研究身份呈现效应及其作用机制（见图7-1），为顾客晒单效应理论模型（见图4-1）中的下半部分。具体通过两项实验来进行实证检验：实验一研究身份呈现效应及自我—品牌联结的中介作用，实验二研究产品知识的调节作用。实验采取情景模拟与消费者自我报告相结合的方法进行，在正式实验之前，均设计了前测问卷进行预测试，对问卷、量表、实验样品、实验情景的文本进行检验和完善，为正式研究奠定基础。

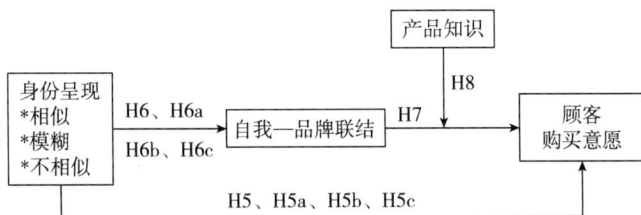

图7-1 身份呈现效应及其作用机制

第一节　身份呈现效应及自我—品牌联结中介作用

一　实验设计

（一）实验类型与组织

本节旨在探讨现实顾客呈现的不同身份对自我—品牌联结和顾客购买意愿的影响，由于需要对研究变量及对象进行操控，所以采用实验法。实验设计采用单因子简单组间设计，从而使受测者不能得知实验研究的全貌，避免受测者因为知晓实验目的而迎合研究所需做出反应。实验把所有被试随机分成三组：身份相似组、模糊组和不相似组。三种身份相似性的操作均用一段描述身份的文字来刺激，这种相似性刺激的设计方法受到了现有文献的启发。Gino 等（2009）用文字描述的方法进行了相似性操作。而 Anna Dorothea Brack 和 Martin Benkenstein（2014）则用人物图片的方法来进行相似性的刺激。考虑到图片中的人物相貌、年龄等因素不仅能够刺激被试的身份相似性感知，还可能会引发被试心情愉悦等外生变量的变化，从而干扰实验结果的有效性。所以，本实验采用一段描述顾客身份的简短文字来进行相似性刺激。

在本实验设置的购物情景中，说明潜在顾客欲购买的产品是"品牌外套"，因为外套是一种具有社会象征含义的产品，潜在顾客会根据消费群体的年龄、性别、阶层、品位等社会身份来选择。因此，结合被试的特点，身份相似组和不相似组的刺激文本主要从年龄、外表、兴趣爱好、风格品位等方面来进行描写。在身份模糊组的刺激文本中，则说明该款产品的现有购买者都没有表露任何身份信息，被试不知道其具体身份。

研究选取湖北某综合性大学学生自愿接受本次实验。把三组文本分别展现给相应组的被试，被试看完后，被要求填写身份相似性、自我—品牌联结和顾客购买意愿量表以及其他一些操控性检验的问项。

（二）自变量水平的操纵

相似性可以分为外表、生活方式、地位相似等不同维度（Lawrence A. Crosby 等，1990）。本实验借鉴 Gino 等（2009）使用文字描述来操纵相似性的方法，同时结合上述相似性维度，从年龄、外表、兴趣爱好、风格品位等方面进行身份相似性的描写。为了让被访者更易感受到相似或不相似，每一个相似或不相似的方面都分开表达，如"年龄相近（不相近）、外表相似（不相似）、兴趣爱好相同（不相同）、风格品位也都很相似（不相似）"。

本书研究中的身份相似表示呈现者与潜在消费者的身份在某些方面存在一定程度的相似。此外，我们把对潜在顾客具有吸引力的群体也归入身份相似这一群体中。费孝通（1947）提出的差序格局思想认为人际间的关系是有亲疏的，站在每个圈的边缘向内看，就是内群体，向外看就是外群体。当潜在顾客站在边缘向内看有吸引力群体时，吸引力群体与相似性群体一样都属于内群体。因此，从这个角度来说，吸引性顾客也是一种内群体，对应相似性。所以，我们在身份相似或不相似操纵文字中，注明"他（她）们是（不是）您认同或希望成为的那种类型的人"。

由于身份模糊是指身份不能识别，其他顾客不能看出任何他们想知道的个人特征。所以，对其操纵则说明"这些消费者没有表露任何身份信息，所以您不知道 L 牌外套消费者的具体身份"。

（三）控制变量的处理

以下几个方面的因素可能会影响本书的实验结果：一是实验情景设置中，消费者欲购买的产品的属性特征，如产品价格、质量、品牌名称等；二是被试的特征，如性别、职业、是否具有网购经验以及自我认同感和社会化程度等。为消除价格的影响，本实验不标具体价格，而说明"价格符合您的预算"；为消除产品质量好坏的影响，情景中说明"产品的质量没有问题，都是好评"。另外，考虑到使用真实的品牌名称容易产生品牌联想，还可能带来一些复杂的干扰因素，所以我们采用了以字母"L"来代替品牌名称的方式。针对被试的特征，本实验以大学生为被试，设置"适应季节变换和社交活动的需要"这样一种"打算购买品牌外套的情景",同时尽量使男、女样本比例相当,并排除没有网购经历的被试。同时,考虑到被试自我认同感的不同,有些具有自我验证目标,有些具有自我提升目标,为尽量避免不同自我认同感、不同自我目标特性干扰相似性效应,在相似性操纵时,还补充说明产品的呈现者"是(不是)您认同或希望成为的那种类型的人"。

二 实验过程

研究样本选自湖北省某综合性大学的 175 名大学生,他们自愿接受了本次实验,其中男生 86 人,占 49.1%,女生 89 人,占 50.9%。实验被试被随机分到三组:第一组是身份相似组,第二组是身份模糊组,第三组是身份不相似组。他们均并被告知假如自己需要购买一款品牌外套,正在某网络零售平台上购物,对品牌产品的态度及购买意愿完全取决于自己。实验人员根据被试所在组别,给他们提供与所在组别相对应的身份类型介绍文字,让被试明确该品牌产品的主要顾客群身份的相似性,对应相似、模糊、不相似其中一组。三种文本具体如下。

"想象一下,为了适应季节变换和社交活动的需要,你打算购买一件品牌外套。现在你正在某网络零售平台搜寻适合自己的产品,这时您对 L 牌的一款外套产生初步兴趣,已了解到产品价格符合您的预算,产品的质量没有问题,都是好评。在做出购买决策之前,您通过网络,发现其他已经购买 L 牌外套的消费者身份具有如下特征。"

第一组:身份相似组

> 整体来看,这些消费者和你年龄相近、外表相似、兴趣爱好相同、风格品位也都很相似,他(她)们是您认同或希望成为的那种类型的人。

第二组:身份模糊组

> 整体来看,这些消费者由于没有表露任何身份信息,所以您不知道 L 牌外套消费者的具体身份。

第三组：身份不相似组

> 　　整体来看，这些消费者和你年龄、外表差异较大，兴趣爱好不相同、风格品位也不相同，他（她）们不是您认同，也不是你想成为的那种类型的人。

　　被试看完评论后，被要求填写相似性、自我—品牌联结和购买意愿量表。感知身份相似性测量参照 Ames（2004）等的做法，采用 7 点李克特量表，共两条语句，具体为：①您觉得自己与这种品牌产品的消费者有多相似？（1 表示一点都不相似；7 表示非常相似）；②您认为自己与这种品牌产品的消费者属于同一社会群体或同一类型的人（1 表示非常不同意；7 表示非常同意）。

　　自我—品牌联结测量参照 Escalas（1996）开发的量表，采用 7 点李克特量表，1 表示完全不同意，7 表示完全同意。在进行预测试时发现有两个问项并不适合于本实验，语句难度偏大。预测试的数据分析，也表明在删除这两个语项后 Cronbach' α 有所提高。为此我们对原量表进行了删除和修订，由原来的 7 个语项调整为以下 5 个语项：①＊＊品牌产品非常适合您的身份；②＊＊品牌产品反映了您是什么人；③＊＊品牌产品可以帮助您成为您想成为的那类人；④您认为＊＊品牌产品反映了您自己想要的形象，或者您想展示给别人的形象；⑤您认为可以通过使用＊＊品牌产品来向别人展示您是什么样的人。

　　购买意愿量表参照 Bruner 等（1992）的做法，测量采用 7 点量表（1 表示非常不同意；7 表示非常同意），由两个题项构成，具体如下：①您愿意试用这种产品；②您很可能会购买这种产品。最后主要是关于被试的背景资料，包括性别、年龄、学历、职业、收入、有无网购经历等信息。

　　三　操控检验

　　在进行操控性检验之前，我们首先检验了实验中顾客身份相似性、自我—品牌联结、顾客购买意愿三个变量的信度，结果显示：相似性的 Cronbach' α 为 0.801，自我—品牌联结的 Cronbach' α 为 0.784，顾客购买意愿的 Cronbach' α 为 0.897，说明量表具有较高的信度。

其次对顾客身份相似性的三种文字刺激进行检验，相似性测量问项有两个，分别为"您觉得自己与这种品牌产品的消费者有多相似?""您认为自己与这种品牌产品的消费者属于同一社会群体（或同一类型）的人"（1 = 非常不同意，7 = 非常不同意），检验数据如表 7 - 1 所示。对相似组来说，相似性测量的均值为 $M_{相似} = 4.72$，与中位数 4 相比有显著差异，这说明相似组文字刺激被感知为相似，符合本组要求。对模糊组来说，相似性测量的均值为 $M_{模糊} = 3.89$，与中位数 4 相比有显著差异，这说明模糊组文字刺激被感知为模糊，符合本组要求。对不相似性来说，相似性测量的均值为 $M_{不相似} = 1.89$，与中位数 4 相比有显著差异，这说明不相似组文字刺激被感知为不相似，符合本组要求。综上所述，感知身份相似性的三种水平操控成功。

表 7 - 1 　　　　　相似组、模糊组和不相似组的操控性检验

操控检验	$M_{相似性}$
相似组	4.72
模糊组	3.89
不相似组	1.89

四　假设检验

（一）身份呈现对购买意愿影响的检验

运用单因素方差分析检验身份呈现对购买意愿影响的主效应，结果如图 7 - 2 所示。数据表明，身份呈现的不同水平对潜在顾客购买意愿的影响具有显著差异（F = 59.751，P = 0.000 < 0.05）。两两组间比较显示，相似组引发的购买意愿显著高于不相似组，组间均值差异为 2.115（P = 0.000 < 0.05）；模糊组引发的购买意愿显著高于不相似组，组间均值差异为 2.223（P = 0.000 < 0.05）；相似组与模糊组引发的购买意愿没有显著差异，组间均值差异为 - 0.107（P = 0.886 > 0.05）。因此，H5、H5a 和 H5c 得到支持，而 H5b 则被拒绝。

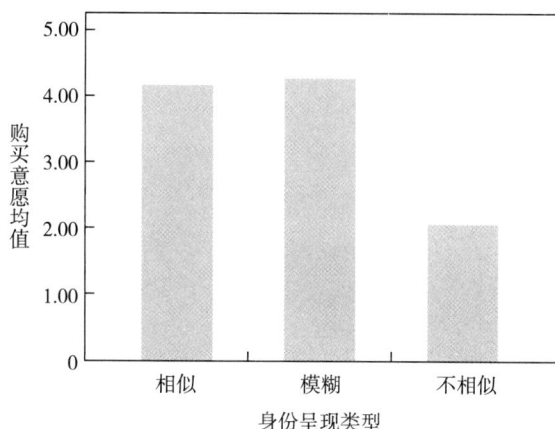

图 7 - 2 身份呈现对购买意愿影响的组间比较

（二）身份呈现对自我—品牌联结影响的检验

采用单因素方差分析对三个组的自我—品牌联结差异进行检验，结果如图 7 - 3 所示。数据表明，身份呈现的不同水平对潜在顾客自我—品牌联结的影响具有显著差异（F = 22. 962，P = 0. 000 < 0. 05）。两两组间差异比较表明，相似组引发的自我—品牌联结显著高于不相似组，组间均值差异为 1. 179（P = 0. 000 < 0. 05）；模糊组引发的自我—品牌联结显著高于不相似组，组间均值差异为 1. 034（P = 0. 000 < 0. 05）；而相似组与模糊组的自我—品牌联结没有显著性差异，组间均值差异为 0. 145（P = 0. 721 > 0. 05）。因此，H6、H6a 和 H6c 得到支持，而 H6b 则被拒绝。

（三）自我—品牌联结的中介效应检验

既然身份呈现对购买意愿具有显著影响，而自我—品牌联结受到身份呈现的影响。那么，自我—品牌联结会不会在身份呈现与购买意愿间起到中介作用呢？可运用两种方法分别进行检验。第一种方法，按照 Zhao 等（2010）提出的中介检验程序，运用 PROCESS 插件，采用 Bootstrap 法进行中介效应检验，模型选择 4、样本大小选择 5000、取样方法为有偏差校正的非参数百分位法、置信度设定为 95%，运行结果如表 7 - 2 所示。数据显示，自我—品牌联结在身份呈现和购买

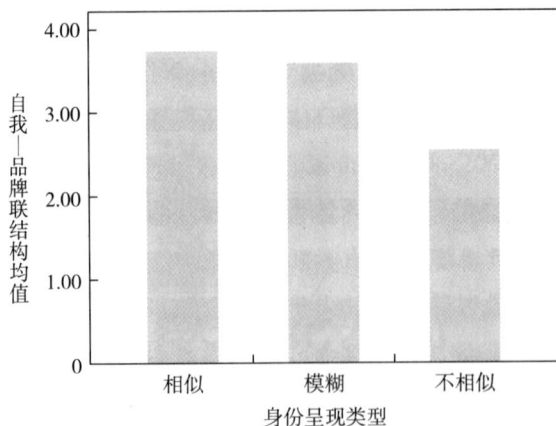

图 7 − 3　身份呈现对自我—品牌联结影响的组间比较

意愿之间的中介效应（X − M − Y）对应的95%的置信区间［0.0913，0.2806］不包含0，说明自我—品牌联结的中介效应显著；身份呈现对购买意愿的直接效应（X − Y）对应的95%的置信区间［0.3584，0.6107］不包含0，说明身份呈现对购买意愿的直接效应也显著。因此，自我—品牌联结部分中介于身份呈现对顾客购买意愿的影响，H7得到支持。

表 7 − 2　自我—品牌联结在身份呈现和购买意愿之间的中介效应

效应类别	路径	效应估计	95% 置信区间（*CI*）	
			下限（*LLCI*）	上限（*ULCI*）
总效应	X − Y	0.6657	0.5564	0.7751
直接效应	X − Y	0.4846	0.3584	0.6107
间接效应	X − M − Y	0.1812	0.0913	0.2806

　　第二种方法，我们采用依次检验回归系数的方法，进行中介效应的检验（温忠麟等，2004），得到数据如表 7 − 3 所示。第一步，进行顾客购买意愿对身份相似性的回归，相似性的系数显著（β = 0.666，t = 12.003，P = 0.000 < 0.05），表示相似性对购买意愿具有显著的正

向影响。第二步，进行自我—品牌联结对身份相似性的回归，相似性的系数显著（β = 0.419，t = 9.774，P = 0.000 < 0.05），表示相似性对自我—品牌联结具有显著的正向影响。第三步，进行购买意愿对相似性和自我—品牌联结的回归，自我—品牌联结的系数显著（β = 0.485，t = 7.575，P = 0.000 < 0.05）；身份相似性的系数显著（β = 0.432，t = 4.940，P = 0.000 < 0.05）。在同一回归中上述系数均显著，表示相似性和自我—品牌联结均对购买意愿具有正向影响。结合前两步的结果，表明自我—品牌联结部分中介于身份相似性对顾客购买意愿的影响。

表7－3　　　　　　　自我—品牌联结中介效应回归方程模型

自我品牌联结中介效应回归方程模型		非标准化系数		标准化系数	t	P
		β	Std. Error	Beta		
回归方程1：购买意愿	（Constant）	1.215	0.215		5.639	0.000
	身份相似性	0.666	0.055	0.652	12.003	0.000
回归方程2：自我—品牌联结	（Constant）	1.824	0.167		10.953	0.000
	身份相似性	0.419	0.043	0.573	9.774	0.000
回归方程3：购买意愿	（Constant）	0.426	0.259		1.647	0.001
	自我—品牌联结	0.485	0.064	0.474	7.575	0.000
	身份相似性	0.432	0.088	0.309	4.940	0.000

温忠麟和叶宝娟（2014）认为，如果检验结果都显著，依次检验的结果将强于 Bootstrap 法检验。因此，我们可以认为自我—品牌联结部分中介于身份相似性对顾客购买意愿的影响。综上所述，H7 得到数据支持。

五　讨论

本章通过实验法和问卷调查的方法，对感知身份的不同类型所产生的效应及机理进行了研究，并运用 SPSS 数据分析软件对理论模型中的假设进行了检验。

首先，探明了感知身份的三种不同水平对自我—品牌联结的影响。结果发现现实顾客感知身份相似性的不同水平对引发潜在顾客自我—品牌联结具有显著差异。具体而言，身份相似和身份模糊引发的自我—品牌联结均显著高于不相似组。而身份相似与模糊引发的自我—品牌联结没有显著差异。另外，我们通过相关性分析、回归分析发现自我—品牌联结正向影响购买意愿。通过独立样本 T 检验，也发现强、弱自我—品牌联结组的购买意愿具有显著差异。其次，身份相似性的不同水平（相似、模糊和不相似）整体上对购买意愿具有显著影响。具体而言，身份相似和身份模糊引发的购买意愿显著高于不相似组。而身份相似与身份模糊引发的购买意愿没有显著差异，即身份模糊的顾客与身份相似的顾客引发相当的购买意愿。这一结果不同于以前 Norton 等（2013）的研究结论（认为身份模糊时会导致被忽略或打折扣的观点），而与 Naylor 等（2011）的研究结果一致。

对于身份相似与身份模糊引发几乎相同的自我—品牌联结和购买意愿，我们认为可能是由于在身份模糊情景下，潜在顾客进行自我参照产生的结果。自我参照是一个认知过程，在这个过程中，个人把信息与自我相联系。研究发现，具有高度自我参照的个人对广告和产品具有更积极的态度，自我参照除了认知成分外，还有情感成分（Jean B. Romeo，1992）。自我参考在广告文字、视觉刺激感知和态度与购买意愿之间起中介作用（Debevec & Romeo，1992）。自我想法（self - thoughts）和信息处理之间的关系在认知心理学的研究中已经得到支持，这种研究表明，相对于没有自我参照，进行信息自我参照的个人更能够理解和回忆起信息（Bellezza，1981，1984；Bower & Gilligan，1979；Keenan & Baillet，1980；Kendaierski，1980；Kuiper & Rogers，1979；Lord，1980）。这些研究把自我参照当作一个信息认知过程，在这个过程中个人通过把信息与自我相联系，从而能提升信息加工程度。可见，自我参照不仅能增强记忆效果，在一定条件下对提升说服力也有积极的影响。

最后，为了进一步探究身份相似性对购买意愿的影响机制，我们检验了自我—品牌联结的中介效应。结果表明，自我—品牌联结部分中介于身份相似性对顾客购买意愿的影响。身份相似和身份模糊的顾客比身份不相似的顾客能够引发潜在顾客更强的自我—品牌联结，从而导致更高的购买意愿。而身份相似和身份模糊的顾客所引发的潜在顾客自我—品牌联结没有显著差异，因而引发的购买意愿也没有显著差异。值得注意的是，自我—品牌联结的中介作用是部分中介，而不是完全中介，这也证明了自我—品牌联结是身份相似性影响购买意愿的其中一个中介变量。

第二节　产品知识的调节作用

一　实验设计

为探讨产品知识的调节作用，本实验采用 2（自我—品牌联结：强 vs. 弱）×2（产品知识：高 vs. 低）双因子组间设计，把所有被试分成四组。本实验中的样品采用智能手环，它的风格相对统一，且常用于日常生活中，也具有一定的象征价值。为了提高被试对测试样品的认知，同时也为了刺激产生自我—品牌联结，本实验采用真实的小米品牌智能手环作为刺激物。调查问卷的字体、排版等仿照购物网站进行设计。在问卷调查之前，对小米手环的图片、产品参数及功能进行介绍。在被试了解刺激物之后，直接对各变量进行测量。对自我—品牌联结和产品知识的分组采用均值作为阈值。样本均值高于阈值的为高产品知识组，低于阈值的为低产品知识组。同样方法得到强自我—品牌联结组和弱自我—品牌联结组。这样所有样本分为自我—品牌联结（强、弱）和产品知识（高、低）四个组，再通过双因子方差分析，对产品知识的调节作用进行检验。

二　实验过程

实验共有 190 名广东某高校的本科生参与到实验中。实验流程为：首先由研究人员说明研究目的、意义和程序，并告知被试每人将得到一份价值 8 元左右的赠品，然后将每一位实验被试随机分配到高产品知识组和低产品知识组。所有被试被呈现在一个类似于在线购物网站产品介绍的文本前，尽量模拟真实场景，文本中提供产品图片，以及产品参数、产品评分、网店评分等信息。被试阅读完相应材料后，被要求依次回答自我—品牌联结、产品知识、购买意愿、个人人口统计特征等题项。自我—品牌联结、购买意愿的测量题项与实验一中的量表一致，产品知识量表参照郝媛媛（2010）的做法，主要由四条语句构成：①您在＊＊这类产品方面知识丰富；②您对购买＊＊这类产品经验丰富；③您对＊＊这类产品非常了解；④您对＊＊这类产品是行家。最终回收190份问卷，剔除回答前后矛盾、缺失值太多等无效问卷，得到有效问卷178份（男=86，女=92）。

三 操控检验

在进行操控性检验之前，首先测量了自我—品牌联结、产品知识、购买意愿三个变量的信度，结果显示：自我—品牌联结的Cronbach'α为0.870，产品知识的Cronbach'α为0.918，购买意愿的Cronbach'α为0.767，说明量表具有较高的信度。运用独立样本T检验来分别检验自我—品牌联结和产品知识的操控效果，得到表7-4和表7-5。

表7-4　　　　　　自我—品牌联结操控T检验结果

变量		样本数	平均数	标准差	T值	Sig.（双侧）
自我—品牌联结	强	93	5.4903	0.61398	18.811	0.000
	弱	85	3.4871	0.78707		

表7-5　　　　　　产品知识操控T检验结果

变量		样本数	平均数	标准差	T值	Sig.（双侧）
产品知识	高	84	4.4464	0.82877	21.064	0.000
	低	94	2.0452	0.67298		

表7-4和表7-5的数据表明，在0.05的显著水平下，自我—品牌联结强弱具有显著差异，产品知识高低具有显著差异，说明本实验对自我—品牌联结强弱分组和产品知识高低分组的操控成功。

四　假设检验

采用双因素方差分析来检验产品知识的调节作用，结果见表 7 - 6 和图 7 - 4。从表 7 - 6 发现，自我—品牌联结强弱对购买意愿具有显著影响（F = 56.924，P = 0.000），产品知识高低对购买意愿具有显著影响（F = 8.034，P = 0.004 < 0.05）。自我—品牌联结与产品知识对购买意愿具有显著的交互效应（F = 5.894，P = 0.016 < 0.05）。从图 7 - 4 产品知识的调节作用效果可以看出，自我—品牌联结与购买意愿呈正相关关系，但两条直线明显不平行，说明自我—品牌联结与产品知识之间存在交互效应。可以看出，高产品知识比低产品知识情景下所表现出来的斜线较为平缓，说明产品知识会削弱自我—品牌联结对购买意愿的积极影响，即相对较丰富的产品知识，当产品知识匮乏时，自我—品牌联结对购买意愿的正向影响较强。因而，假设 H8 得到支持。

表 7 - 6　　　　　　　　**产品知识调节效应方差分析结果**

受试者间效应项的检验（因变量：购买意愿）				
来源	型 III 平方和	自由度	平均平方和	F 检验	显著性
校正后的模型	80.085[a]	3	26.695	25.437	0.000
截距	3821.804	1	3821.804	3641.763	0.000
自我—品牌联结	59.738	1	59.738	56.924	0.000
产品知识	8.714	1	8.714	8.034	0.004
自我—品牌联结 × 产品知识	6.186	1	6.186	5.894	0.016
误差	182.602	174	1.049		
总计	4128.250	178			
校正的总计	262687	177			

a. R Squared = 0.305（Adjusted R Squared = 0.293）。

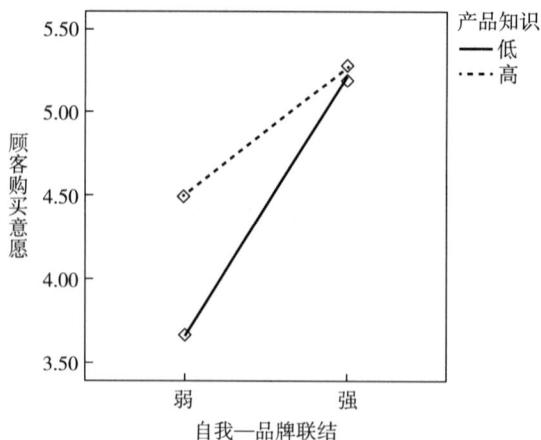

图7-4 产品知识的调节作用效果

第三节 本章小结

一 研究结论

第一，电商平台中顾客的身份呈现效应显著。现实顾客身份呈现的相似性类型对潜在顾客的自我—品牌联结和购买意愿具有显著差异。身份相似和身份模糊引发的自我—品牌联结度和购买意愿均显著高于身份不相似情形。而身份相似与身份模糊引发的自我—品牌联结度和购买意愿没有显著差异。

第二，自我—品牌联结在顾客身份呈现对潜在顾客购买意愿的影响中起中介作用。研究表明，身份呈现影响自我—品牌联结的产生，自我—品牌联结正向影响购买意愿，自我—品牌联结部分中介于身份呈现对购买意愿的影响。身份相似和身份模糊的顾客比身份不相似的顾客能够引发潜在顾客更强的自我—品牌联结，从而导致更高的购买意愿。

第三，产品知识在自我—品牌联结对购买意愿的影响中起到调节作用。产品知识会削弱自我—品牌联结对购买意愿的积极影响，即相对较高的产品知识水平，当产品知识水平低时，自我—品牌联结对购买意愿的正向影响更强。

本章假设检验结果汇总如表 7 - 7 所示。

表 7 - 7   感知身份效应研究假设检验结果

假设	分假设	假设内容	检验结果
H5		现实顾客的不同身份对潜在顾客购买意愿的影响具有显著差异	支持
	H5a	身份相似比身份不相似引发潜在顾客更强的购买意愿	支持
	H5b	身份相似比身份模糊引发潜在顾客更强的购买意愿	不支持
	H5c	身份模糊比身份不相似引发潜在顾客更强的购买意愿	支持
H6		现实顾客的不同身份对潜在顾客自我—品牌联结的影响具有显著差异	支持
	H6a	身份相似比身份不相似引发潜在顾客更强的自我—品牌联结	支持
	H6b	身份相似比身份模糊引发潜在顾客更强的自我—品牌联结	不支持
	H6c	身份模糊比身份不相似引发潜在顾客更强的自我—品牌联结	支持
H7		自我—品牌联结在身份呈现对顾客购买意愿的影响中具有中介作用	支持
H8		产品知识会削弱自我—品牌联结对购买意愿的积极影响，即相对较高的产品知识水平，当产品知识水平低时，自我—品牌联结对购买意愿的正向影响较强	支持

二　理论贡献

第一，探讨了顾客身份呈现对潜在顾客购买意愿的影响机制，丰富了顾客身份相似性效应、自我—品牌联结形成来源的研究成果。一方面，其他顾客身份的相似性正向影响自我—品牌联结，丰富了自我—品牌联结形成来源的研究成果。另一方面，自我—品牌联结在身份相似性对购买意愿的影响中起部分中介作用，说明自我—品牌联结是身份相似性效应的一个中介变量。这区别于以往的文献，认为身份相似性效应是因为产生了积极情绪和互动意愿，导致共同性推断，从而建立信任。本书研究对现有文献是一个丰富和补充。

第二，本书把现实顾客呈现的身份分为三种类型：相似、不相似和模糊，比较了其对自我—品牌联结和购买意愿影响的大小，发现身份相似和身份模糊引发的自我—品牌联结和购买意愿显著高于不相似情形。而在身份相似与身份模糊之间没有显著差异。这一结果不同于以前 David 等的研究结论，认为身份模糊情形会导致被忽略或打折扣的观点，而与 Naylor 等的研究结果保持一致。这可能是由于在身份模糊情景下，潜在顾客进行自我参照产生的结果。在自我参照过程中，个人把信息与自我相联系，可提升信息加工程度，从而导致对产品具有更积极的态度。因而，本书研究在身份模糊性效应这个有争论的研究领域，提供了中国文化背景下的新证据。

第三，明确了顾客身份呈现效应的用户边界，即现实顾客的身份呈现对知识丰富的潜在消费群体影响不强。

第四，揭示了在线购物环境中，消费者如何满足自身对产品象征性需求的心理路径，即通过他人的身份呈现来甄别所购产品是否与自我概念和身份相符。

三　管理启示

首先，商家需鼓励和引导相应顾客呈现相似或模糊性身份，以强化潜在顾客的自我—品牌联结，从而提高其购买意愿。由于身份相似和身份模糊引发的自我—品牌联结度显著高于不相似情形，而身份相似与身份模糊引发的自我—品牌联结度没有显著差异。因此，企业可以更多地鼓励引导与目标市场身份相似或身份模糊的顾客进行有效的在线呈现。相反，要对身份不相似顾客的产品呈现进行有效的监控和管理，比如仅为通过身份验证的消费者开通和提供呈现其个人图片和身份信息的功能。

其次，在不能得到相似性顾客进行在线呈现的情况下，对顾客身份进行模糊化处理，不失为一种好的策略，因为身份相似与身份模糊引发几乎相同的自我—品牌联结。这可能是由于在身份模糊情景下，潜在顾客进行自我参照产生的结果。例如，某知名的特卖电商，其购物网站上很多商品都没有提供其他顾客身份方面的信息。但身份模糊化处理也可能会导致退货的风险，比如一个年轻消费者可能购买了中老年人穿的外套。所以，商家需权衡处理。

最后，根据用户的相似性，建立和管理亚文化社群。"物以类聚、人以群分"，消费者分布在具有不同特征的亚文化社群中，但同一个亚文化社群具有某些共同特征，如相同的爱好、利益、品位、目标等，社群成员相互感染，从而形成一种凝聚力和文化力。因此，企业要研究客户群，掌握客户资料，挖掘消费者的共同点和差异点，通过组建不同的亚文化社群或者消费者圈子，来建立一种和品牌产品相关的共同价值观，充分挖掘和利用共同喜好，从而更好地对品牌产品的诉求点进行定位和传播。

第八章

身份呈现与产品呈现的协同作用

本章旨在研究产品呈现和身份呈现的协同作用，包括产品临场感和自我—品牌联结的交互作用，对应顾客晒单效应理论模型（见图4－1）中的上下相连的部分，同时对晒单类型与产品类型的匹配策略进行探索。本章通过一项实验来进行实证检验。实验采取情景模拟与消费者自我报告相结合的方法进行，在正式实验之前，均设计了前测问卷进行预测试，对问卷、量表、实验样品、实验情景的文本进行检验和完善，为正式研究奠定基础。

第一节　产品临场感和自我—品牌联结的交互作用

一　实验设计

（一）实验类型与组织

本节旨在探讨自我—品牌联结和产品临场感的交互效应和调节作用。由于需要对变量和被试进行操控，所以采用实验法。实验设计采用2（产品临场感：高、低）×2（自我—品牌联结：强、弱）双因子组间设计，把所有被试随机分成四组，对应四种不同的实验处理，使被试不能得知实验的全貌，避免被试因得知实验目的而做出迎合的反应。

为了保证本实验的质量，实验样品的选择既需要满足研究三中实验样品应具备的要求，也要满足研究四购物情景设置中消费者欲打算购买标的物的有关要求，所以，具体应满足以下三个条件：①产品不能太简单，也不能是消费者非常了解和熟悉的产品（如食盐、牙膏等日常生活用品），以确保网购中的消费者有动机去看"晒图"；②样品所属产品类别的不同产品的款式风格差异不大，能够较好地消除自变量（即产品呈现方式）以外的外生变量对购买意愿的影响；③产品应具有一定的象征性需求特征，消费者的购买意愿受到消费群体的年龄、性别、阶层、品位等社会身份的影响。

考虑到很多象征性需求的产品如服装、手提包等，其款式风格都有很大差异，不符合上述样品条件。经综合考虑，本实验的样品还是采用研究三中带蓝牙功能的自拍杆，其风格相对统一，在自拍杆中属中高档次，且常用于人际交往中，因此，也具有社会象征性价值。

设计的问卷字体、颜色、排版等仿照淘宝网页面设计。研究选取湖北某综合性大学的大学生自愿接受本次实验。把四组不同的刺激文本分别展现给相应组的被试，被试看完图片后，被要求填写产品临场感、自我—品牌联结和顾客购买意愿量表以及其他一些操控性检验的问项。

（二）自变量水平的操纵

本实验涉及两个自变量：产品临场感和自我—品牌联结，一个因变量：购买意愿。涉及四个实验处理：高产品临场感和强自我—品牌联结、高产品临场感和弱自我—品牌联结、低产品临场感和强自我—品牌联结、低产品临场感和弱自我—品牌联结。

为了得到高低不同的产品临场感，用研究三中的消费场景呈现组中的三张图片作为刺激文本，以诱发被试高产品临场感；用研究三中单纯产品呈现组中的一张图片作为刺激文本，以提高实验的操控性，从而诱发被试低产品临场感。为了让被试知晓产品所具有的功能，附相同的文字评论："……除了自拍，还可以当手机支架，太方便了……"

为了得到强弱不同的自我—品牌联结，本书结合自我—品牌联结的含义，用两段意义相反的描述文字来刺激产生。为了得到强自我—品牌联结，专门说明"您发现这款 M 牌自拍杆具有如下特征：它能够反映您的兴趣、爱好和品位，能够有效地构建或提升您的身份和形象"。为了得到弱自我—品牌联结，则说明"您发现这款 M 牌自拍杆具有如下特征：它不能反映您的兴趣、爱好和品位，也不利于构建或提升您的身份和形象"。

（三）控制变量的处理

以下几个方面的因素可能会影响本书的实验结果：一是实验样品自身的属性特征，如本实验中自拍杆的品牌、价格、颜色等；二是被试的特征，如性别、职业、是否具有网购经验、对自拍杆的态度和需求以及社会化程度等。在本实验中，由于考虑到使用真实的品牌名称容易产生品牌联想，还可能引入一些干扰因素，所以我们采用了以字母"M"来代替品牌名称的方式。为消除价格的影响，本实验不标具体价格，而说明"价格符合您的预算"；为消除颜色的影响，注明"黄色、黑色、蓝色、粉色等各种颜色可选"；为消除产品质量好坏的影响，产品呈现附文字评论："很满意，除了自拍……物有所值！"针对被试的特征，本实验以大学生为被试，设置"与亲朋好友外出旅游"这样一种"打算购买自拍杆的情景"，同时尽量使男、女样本比例相当，并排除没有网购经历的被试。

二 实验过程

研究样本选自湖北省某综合性大学的 210 名大学生，他们自愿接受了本次实验，其中男生 101 人，占 48.1%，女生 109 人，占 51.9%。实验被试被随机分到四个组：第一组是高产品临场感、强自我—品牌联结，第二组是高产品临场感、弱自我—品牌联结，第三组是低产品临场感、强自我—品牌联结，第四组是低产品临场感、弱自我—品牌联结。实验操作过程主要分为三个部分：购物情景设置及产品临场感（高/低）情景操控及相关问项的测量；自我—品牌联结（强/弱）情景操控以及相关问项的测量；购买意愿的测量及被试背景资料的调查。

在第一部分中，我们使用一段文字来对购物情景进行设置，他们均被告知假如自己需要购买一款带蓝牙功能的自拍杆，正在某网络零售平台上购物，对品牌产品的态度及购买意愿完全取决于自己。然后，所有实验被试被呈现在一个类似于在线购物网站产品介绍的文本前，尽量模拟真实场景，文本中尽可能提供除产品图片以外的信息（包括产品参数、评论、网店评分等）。针对顾客晒单的实际，配备了非常简单的文字评论："很满意，除了自拍，还可以当手机支架，太方便了，物有所值！"产品介绍页面内容如下。

"想象一下，在即将到来的假期，您计划与亲朋好友一起外出旅游，为此，您打算购买一款带蓝牙功能的自拍杆。现在您正在某网络零售平台搜寻适合自己的产品，这时您对 M 牌的一款自拍杆产生初步兴趣，产品价格符合您的预算，基本信息如下。"

名称：M 牌蓝牙自拍杆 促销：赠送三脚架 颜色：黄色、黑色、蓝色、粉色等可选 长度：100cm 重量：242g 蓝牙链接范围：10m 适用范围：配备 ios 系统 5.0 以上或安卓系统的手机及平板电脑	商品评分：4.8 店铺评分：4.8

所有的被试看完产品介绍文本以后，实验人员根据被试所在组别，给他们提供所在组别的产品呈现类型的图片，均用投影仪进行投放。然后，进行产品临场感问项的测量，量表与研究三中的量表保持一致。

在第二部分，主要是对自我—品牌联结进行操纵以及相关问项的测量。根据被试所在组别，实验人员给他们提供与所在组别相对应的刺激文本，以诱发不同强度的自我—品牌联结。被试在看完刺激文本后，被要求填写自我—品牌联结量表，量表与研究四中的量表保持一致。在第三部分要求被试完成购买意愿量表，以及关于被试背景资料的调查项目，包括性别、年龄、学历、职业、收入、有无网购经历等信息。

具体的四种情景的图片及文字刺激分别如下。

第一组：高产品临场感、强自我—品牌联结组

很满意，除了自拍，还可以当手机支架，太方便了，物有所值！

（笔者拍摄）

同时，您发现这款 M 牌自拍杆具有如下特征。

它能够反映您的兴趣、爱好和品位，能够有效地构建或提升您的身份和形象。

第二组：高产品临场感、弱自我—品牌联结组

很满意，除了自拍，还可以当手机支架，太方便了，物有所值！

（笔者拍摄）

同时，您发现这款 M 牌自拍杆的消费群体具有如下特征。

它不能反映您的兴趣、爱好和品位，也不利于构建或提升您的身份和形象。

第三组：低产品临场感、强自我—品牌联结组

很满意，除了自拍，还可以当手机支架，太方便了，物有所值！

（笔者拍摄）

同时，您发现这款 M 牌自拍杆具有如下特征。

它能够反映您的兴趣、爱好和品位，能够有效地构建或提升您的身份和形象。

第四组：低临场感、弱自我—品牌联结组

很满意，除了自拍，还可以当手机支架，太方便了，物有所值！

（笔者拍摄）

同时，您发现这款 M 牌自拍杆具有如下特征。

> 它不能反映您的兴趣、爱好和品位，也不利于构建或提升您的
> 身份和形象。

三　操控检验

在进行操控性检验之前，首先检验了实验中产品临场感、自我—品牌联结、顾客购买意愿三个变量的信度，结果显示：产品临场感的 Cronbach' α 为 0.862，自我—品牌联结的 Cronbach' α 为 0.848，顾客购买意愿的 Cronbach' α 为 0.812，均在 0.8 以上，说明量表具有较高的信度。

运用独立样本 T 检验来分别检验产品临场感和自我—品牌联结操控是否合适，数据分别如表 8-1 和表 8-2 所示。

表 8-1　　　　　　　　产品临场感操控 T 检验结果

变量		样本数	平均数	标准差	T 值	Sig.（双侧）
产品 临场感	高	106	5.0326	0.75690	12.887	0.000
	低	104	3.5088	0.74877		

表 8-2　　　　　　　　自我—品牌联结操控 T 检验结果

变量		样本数	平均数	标准差	T 值	Sig.（双侧）
自我—品牌 联结	强	111	5.0165	1.16536	7.538	0.000
	弱	99	2.8545	0.80272		

表 8-1 和表 8-2 的数据表明，在 0.05 的显著水平下，两种刺激产生的产品临场感高低具有显著差异，两种刺激产生的自我—品牌联结强弱具有显著差异，说明本书研究对产品临场感和自我—品牌联结变量的操控成功。

四　假设检验

本书采用多因素方差分析来检验产品临场感和自我—品牌联结的调节效应。把产品临场感按照情景描述分为高、低两个类别，把自

我—品牌联结按照情景描述分为强、弱两个类别。在调节效应检验中，分别以自我—品牌联结和产品临场感为调节变量进行方差分析，结果见表 8 - 3 和图 8 - 1、图 8 - 2。

表 8 - 3　产品临场感和自我—品牌联结交互效应方差分析结果

受试者间效应项的检验（因变量：购买意愿）					
来源	型Ⅲ平方和	自由度	平均平方和	F 检验	显著性
校正后的模型	134.765ᵃ	3	44.922	41.579	0.000
截距	2413.291	1	2413.291	2233.733	0.000
产品临场感	31.628	1	31.628	29.275	0.000
自我—品牌联结	87.950	1	87.950	81.406	0.000
产品临场感 × 自我—品牌联结	10.199	1	10.199	9.440	0.002

a. R Squared = 0.440（Adjusted R Squared = 0.429）。

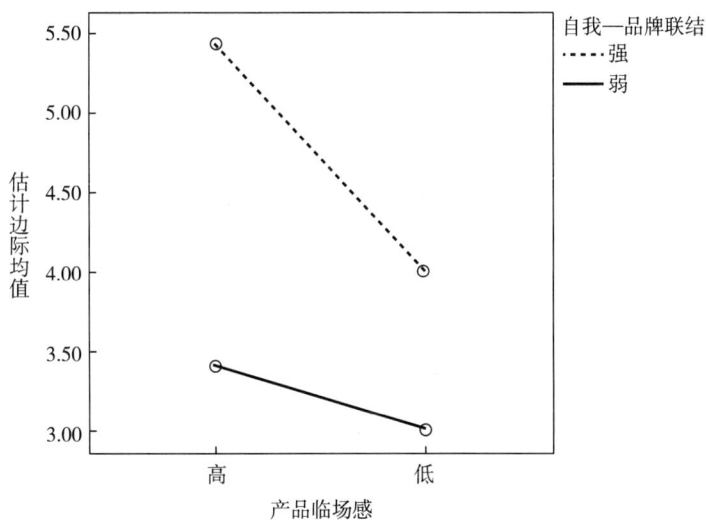

图 8 - 1　购买意愿的估计边际均值（自我—品牌联结）

从表 8 - 3 中发现，产品临场感高低对购买意愿具有显著影响（F = 29.275，P = 0.000），自我—品牌联结强弱对购买意愿具有显著影响（F = 81.406，P = 0.000）。这与前面的研究相一致。产品临场感与自我—品牌联结对购买意愿具有显著的交互效应（F = 9.440，P = 0.002）。

从边际均值估值图 8 - 1 中可以看出，产品临场感与购买意愿呈现正相关关系，同时两条直线明显不平行，说明自我—品牌联结与产品临场感之间存在交互效应。可以看出，强自我—品牌联结比弱自我—品牌联结情景下所表现出来的斜线更为陡峭，说明相较于弱自我—品牌联结，强自我—品牌联结下的产品临场感对购买意愿的影响更大。因而假设 H9 得到数据支持。

从边际均值估值图 8 - 2 中可以看出，自我—品牌联结与购买意愿呈现正相关关系，同时两条直线明显不平行，也说明自我—品牌联结与产品临场感之间存在交互效应。可以看出，高产品临场感比低产品临场感情景下所表现出来的斜线更为陡峭，说明相较于低产品临场感，高产品临场感下的自我—品牌联结对购买意愿的影响更大。因而假设 H10 得到数据支持。

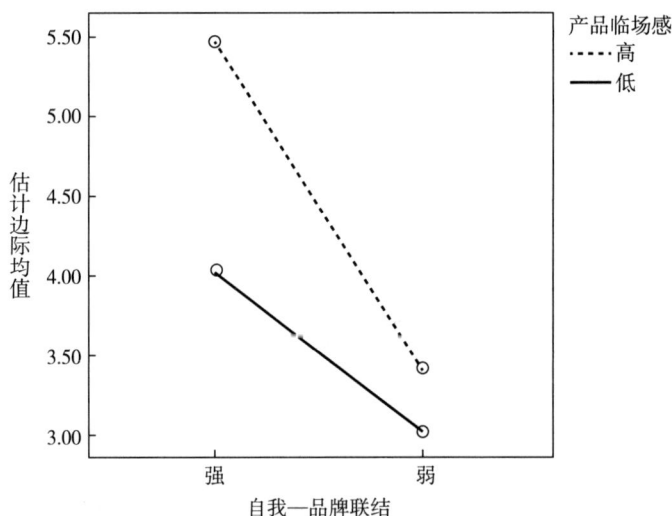

图 8 - 2　购买意愿的估计边际均值（产品临场感）

五　讨论

本节通过实验法和问卷调查的方法，对产品临场感和自我—品牌联结的调节效应进行了研究，并运用 SPSS 数据分析软件对理论模型中的假设进行了检验，结果汇总如表 8-4 所示。

表 8-4　　　　　　　　调节效应研究假设检验结果

假设	假设内容	检验结果
H9	相对于自我—品牌联结较弱的情形，当自我—品牌联结较高时，产品临场感对购买意愿的正向影响会显著提高	支持
H10	相对于产品临场感较低的情形，当产品临场感较高时，自我—品牌联结对购买意愿的正向影响会显著提高	支持

首先，本实验再次证实产品临场感高低对购买意愿具有显著影响，两者呈现正相关关系，自我—品牌联结正向影响购买意愿，这与研究三和研究四中的结论保持一致。

其次，运用方差分析法对产品临场感和自我—品牌联结的调节效应进行研究，结果表明，自我—品牌联结与产品临场感之间的交互效应显著。相较于弱自我—品牌联结，强自我—品牌联结下的产品临场感对购买意愿的影响更大。相较于低产品临场感，高产品临场感下的自我—品牌联结对购买意愿的影响更大。

总之，本实验把呈现的产品与呈现者的身份相结合，通过考察产品临场感和自我—品牌联结的交互效应，得到的结论具有理论和现实意义。消费者在购买特定的品牌产品时，很可能既需要了解产品的外形、功能与使用体验等，也需要关注该品牌及其他消费者身份是否与自我概念相匹配。理论上，实验结果证实了在线购物环境中，消费者既具有对产品临场感的需要，也具有对自我—品牌联结的需要，揭示了在线环境中消费者如何将产品的功能性需求和象征性需求相结合的心理路径。实践上，实验结果回答了"什么样的顾客，同时以什么样的方式"进行产品呈现会产生最佳效果的问题，从而为企业的营销实践提供管理借鉴。

第二节　晒单类型与产品类型的匹配策略

一　晒单的总体效应及作用边界

基于前文研究所得结论，一般情况下，身份相似或模糊的顾客采用消费场景呈现或顾客在场呈现的方式晒图，会引发潜在顾客更强的购买意愿。这是因为身份相似或身份模糊的顾客会引发潜在顾客更强的自我—品牌联结，从而导致其购买意愿更强。同样地，消费场景呈现或顾客在场呈现的晒图方式会引发潜在顾客更强的产品临场感，从而导致其购买意愿更强。但是，晒单效应也存在作用边界，受到一些调节变量的影响。

首先，产品类型和性质不同，晒单的效应就不同。正如本书第六章的研究发现，产品复杂性在产品临场感对购买意愿的影响中具有调节作用。产品复杂性是指顾客感知一种产品难以理解或使用的程度，一个产品提供的功能选项越多或者在使用中涉及的步骤越多，通常被看作是越复杂。产品越复杂，顾客越有可能感知到高风险，就越需要真实而生动的产品呈现，就越需要晒图，或者说晒图的作用就越明显。

其次，晒单效应也会受到产品象征价值或功能价值强弱的影响。现有研究已发现，人们具有功能性需求和象征性需求，对应产品的功能价值和象征价值。功能价值是产品在功能与质量等实用性方面带来的利益和满足；象征价值是产品在自尊、社会和自我实现的需要方面给予的利益和满足（宁昌会，2005）。这是消费者对产品的象征性需求在起作用。但身份呈现的这种作用，受到产品象征性价值的调节。象征性价值是一种外在的、他人导向的主动价值，消费者选择特定产品或消费体验，在一定程度上是将其作为拟构建人物角色的象征，即消费者消费产品目的是把自己希望的形象投射出去（邹德强，2007）。产品的象征性价值越高，就越具有身份形象建构的价值，其目标群体就越具有指向性，此时，潜在顾客就越可以通过晒图者的身份来识别这种产品的适用群体。相反，产品的象征性价值较低时，其消费群体在身份形象上没有指向性，晒图者身份的作用就会减弱。

最后，晒单效应还会受到顾客个人特征因素的影响，正如本书第七章的研究发现，潜在顾客的产品知识高低在自我—品牌联结对购买意愿的影响中具有调节作用，顾客的产品知识比较丰富、对产品比较熟悉时，会削弱自我—品牌联结对购买意愿的正向影响。当然，可能还会有其他一些调节变量，有待以后进一步研究。总之，晒单效应在不同的情景中有所不同，潜在顾客在电商平台购物时，购买的产品类型不同，其查阅晒单的动机和需求就不同。

二 晒单类型与产品类型的匹配

基于上述论述，电商平台中商家应该制定相应的晒单策略，以满足潜在顾客网购时产品决策的需要。在晒单效应一般性结论的基础上，考虑产品复杂性高低和产品象征性价值高低这两个产品类别因素，可制定潜在顾客晒单类型需要与其所购物品产品类型的匹配策略，如表 8 – 5 所示。

表 8 – 5　　　　　　　　晒单类型—产品类型匹配策略

类别		产品呈现类晒单（产品临场感需要）	
		高度需要	低度需要
身份呈现类晒单（自我—品牌联结需要）	高度需要	Ⅰ　复杂象征性产品 （如小汽车） 重视产品呈现和身份呈现	Ⅱ　简单象征性产品 （如智能手环） 重视身份呈现
	低度需要	Ⅲ　复杂功能性产品 （如电饭煲等厨具） 重视产品呈现	Ⅳ　简单功能性产品 （如盐、牙膏） 产品呈现和身份呈现均不重视

如表 8 – 5 所示，晒单类型可以分为两类、四种。第一类"产品呈现类晒单"，是能够呈现产品的晒单，它可以让潜在顾客产生一种产品临场感，根据实际购物时需要的程度，可分为两种：高度需要产品临场感和低度需要产品临场感。当潜在顾客购买复杂性程度高的产品时，其对产品临场感具有高度需要，且产品临场感越高越好，这样

就可以对产品有一个全面的认知，可以消除疑虑和不确定性，更好地了解产品使用时的情形和功能，也能拉近与产品之间的心理距离。相反，当潜在顾客购买简单产品时，其对产品临场感的需要程度则不高，不确定性几乎没有或很低。

第二类"身份呈现类晒单"，是能够呈现顾客身份的晒单，它可以让潜在顾客了解其他顾客的身份，在内心产生一种自我—品牌联结，根据实际购物时需要的程度，可分为两种：高度需要自我—品牌联结和低度需要自我—品牌联结。当潜在顾客在购买象征价值较高的产品时，其对自我—品牌联结具有高度需要，且自我—品牌联结越强越好，这样就可以买到符合自我身份的产品，并通过这种产品来建构、传达自我概念和形象。相反，当潜在顾客购买以功能性价值为主的产品时，其对自我—品牌联结的需要程度则不高，因为主要是发挥产品的实用价值。

上述两类晒单，按照需要程度的高低两两配对，可得到四种情形，分别与四种产品类型相匹配。第一种，对于复杂的、具有较强象征价值的产品（如小汽车），潜在顾客对产品临场感和自我—品牌联结都具有高度需要，电商平台中的晒单策略是既呈现产品，也呈现相似性顾客的身份，以满足潜在顾客的功能性和象征性需求。第二种，对于简单的、具有较强象征价值的产品（如智能手环），潜在顾客对自我—品牌联结具有高度需要，但对产品临场感需要程度不高，电商平台中的晒单策略是更加重视相似性顾客的身份呈现，以满足潜在顾客的象征性需求。第三种，对于复杂的、以功能价值为主的产品（如电饭煲等厨具），潜在顾客对产品临场感具有高度需要，但对自我—品牌联结需要程度不高，这时电商平台中的晒单策略应该是更加重视产品呈现，突出展示产品的各种功能、细节和使用时的场景，使潜在顾客更好地了解产品，拉近其与产品之间的心理距离，从而提升购买意愿。第四种，对于简单的、以功能价值为主的产品（如盐、牙膏），潜在顾客对产品临场感和自我—品牌联结的需要程度都不高，商家在做好电商平台一般性维护的基础上，可以把主要精力集中于其他方面，比如产品质量、物流等。

第九章

总结与启示

本章从研究总结、理论贡献与管理启示、研究局限与未来研究方向三个方面对整体研究进行总结。研究总结主要是结合前面的文献梳理对本书的研究假设和结论进行归纳总结。理论贡献与管理启示主要是根据研究结论对理论贡献进行说明和阐述，并结合营销实践为企业或品牌的晒单管理和网站功能设计提供意见建议。研究局限与未来研究方向主要是结合研究内容、研究方法等方面所存在的不足予以说明和解释，并在此基础上说明顾客在线产品呈现的未来研究方向。

第一节　研究总结

本书围绕"什么样的顾客、以什么样的方式进行在线产品呈现会导致更强的购买意愿"这一核心问题，以社会临场感理论、社会认同理论和媒介丰富度理论为理论支撑，采用焦点小组访谈法、深度访谈法、二手数据法、实验法和问卷调查法，通过七项研究，分析了顾客产品呈现和身份呈现对潜在顾客购买意愿的影响及其作用机理，得到了一系列研究结论。理论模型的研究假设验证结果汇总如表9-1所示，本书围绕这些假设，结合现有文献和理论，归纳总结得到了以下四个方面的研究结论。

表 9 − 1 研究假设检验结果汇总

假设	分假设	假设内容	检验结果
H1		不同的产品呈现方式对引发潜在顾客的产品临场感具有显著差异	支持
	H1a	消费场景呈现比单纯产品呈现引发潜在顾客更高的产品临场感	支持
	H1b	顾客在场呈现比单纯产品呈现引发潜在顾客更高的产品临场感	支持
	H1c	顾客在场呈现比消费场景呈现引发潜在顾客更高的产品临场感	不支持
H2		产品临场感正向影响顾客购买意愿	支持
H3		产品临场感在产品呈现对购买意愿的影响中起到中介作用	支持
H4		产品复杂性在产品临场感对潜在顾客购买意愿的影响中起到调节作用，即相对于产品复杂性低的情形，当产品复杂性高时，产品临场感对潜在顾客购买意愿的影响更强	支持
H5		现实顾客的不同身份对潜在顾客购买意愿的影响具有显著差异	支持
	H5a	身份相似比身份不相似引发潜在顾客更强的购买意愿	支持
	H5b	身份相似比身份模糊引发潜在顾客更强的购买意愿	不支持
	H5c	身份模糊比身份不相似引发潜在顾客更强的购买意愿	支持
H6		现实顾客的不同身份对潜在顾客自我—品牌联结的影响具有显著差异	支持
	H6a	身份相似比身份不相似引发潜在顾客更强的自我—品牌联结	支持
	H6b	身份相似比身份模糊引发潜在顾客更强的自我—品牌联结	不支持
	H6c	身份模糊比身份不相似引发潜在顾客更强的自我—品牌联结	支持
H7		自我—品牌联结在身份呈现对潜在顾客购买意愿的影响中具有中介作用	支持

续表

假设	分假设	假设内容	检验结果
H8		产品知识会削弱自我—品牌联结对购买意愿的积极影响，即相对较高的产品知识水平，当产品知识水平低时，自我—品牌联结对购买意愿的正向影响较强	支持
H9		相对于自我—品牌联结较弱的情形，当自我—品牌联结较高时，产品临场感对购买意愿的正向影响会显著提高	支持
H10		相对于产品临场感较低的情形，当产品临场感较高时，自我—品牌联结对购买意愿的正向影响会显著提高	支持

一　对顾客在线产品呈现的方式进行了分类和界定

顾客在线产品呈现存在三种不同类型的呈现方式。以顾客为主体的在线产品呈现本质上也是一种产品呈现，但呈现的主体和方式有所不同。传统产品呈现的主体是企业或商家，而顾客在线产品呈现的主体是顾客。在呈现方式上，以往研究多根据呈现信息格式的不同，划分为文字、图片、视频、音频等展示形式，而本书根据呈现信息内容的不同来划分，即根据产品呈现的内容中是否有消费场景、是否有顾客在场等因素，把顾客在线产品呈现分为三种类型。

第一种是"单纯产品呈现"，是指顾客在线呈现的与产品有关的文本信息内容中只有产品本身，没有任何周围环境、消费场景和人物在场；第二种是"消费场景呈现"，是指顾客在线呈现的与产品有关的文本信息内容中除了产品本身之外，还有产品消费或使用的场景，但没有顾客或其他人物在场；第三种是"顾客在场呈现"，是指顾客在线呈现的与产品有关的文本信息内容中除了产品和产品使用场景之外，还有顾客在场。

研究通过实验的方法对产品呈现的三种方式进行操作化，实证检验证实了单纯产品呈现、消费场景呈现和顾客在场呈现三种产品呈现方式的存在性、可被感知性及其效应的差异性。

二　产品呈现对潜在顾客购买意愿的影响及其机制

第一，探明了三种产品呈现方式对产品临场感和购买意愿的影响。结果发现产品呈现的不同方式对引发潜在顾客的产品临场感和购买意愿具有显著差异。与单纯产品呈现相比，消费场景呈现和顾客在场呈现能引发更强的产品临场感和购买意愿；但消费场景呈现与顾客在场呈现所引发的产品临场感和购买意愿没有显著差异。

第二，验证了产品临场感与顾客购买意愿之间的关系。结果发现产品临场感与购买意愿正相关，高产品临场感组的购买意愿显著高于低产品临场感组的购买意愿。

第三，探究了产品临场感的中介作用。结果显示，不同产品呈现方式所引发的潜在顾客购买意愿具有显著差异，产品临场感在其中发挥中介作用。消费场景呈现比单纯产品呈现会引发潜在顾客更高的产品临场感从而导致更高的购买意愿；顾客在场呈现比单纯产品呈现引发潜在顾客更高的产品临场感从而导致更高的购买意愿。

第四，产品复杂性在产品临场感对潜在顾客购买意愿的影响中起到调节作用。相较于产品复杂性低的情形，当产品复杂性高时，产品临场感对潜在顾客购买意愿的正向影响更强。网购环境下，潜在顾客为降低风险和不确定性而对产品临场感具有需求，产品越复杂，对产品临场感的需求就越强。

三　身份呈现对潜在顾客购买意愿的影响及其机制

第一，研究了身份呈现的三种类型对潜在顾客购买意愿的影响。具体而言，身份相似和身份模糊引发的购买意愿显著高于不相似组。而身份相似与身份模糊引发的购买意愿没有显著差异，即身份模糊的顾客与相似的顾客引发相当的购买意愿。这一结果不同于以前 David A. Norton 等（2013）的研究结论（认为身份模糊时会导致被忽略或打折扣的观点），而与 Naylor 等（2011）的研究结果保持一致。

对于身份相似与身份模糊引发几乎相同的自我—品牌联结和购买意愿，我们认为可能是由于在身份模糊情景下，潜在顾客进行自我参照产生的结果。自我参照被认为是一个认知过程，在这个过程中个人通过把信息与自我相联系，从而能提升信息加工程度。现有研究发现，具有高度自我参照的个人对广告和产品具有更积极的态度，自我参照在广告文字、视觉刺激感知对购买意愿的影响中起中介作用。自我参照不仅能增强记忆效果、提高回忆度，在一定条件下，对提升说服力也具有积极的影响。可见，在不能得到相似性顾客进行产品呈现的情况下，对不相似顾客的身份进行模糊化处理不失为一种好的对策。

第二，探明了身份呈现的三种类型对自我—品牌联结的影响。结果发现现实顾客感知身份相似性的不同类型对引发潜在顾客自我—品牌联结具有显著差异。具体而言，身份相似和身份模糊引发的自我—品牌联结均显著高于不相似组。而身份相似和身份模糊引发的自我—品牌联结没有显著差异。进一步地，我们通过相关性分析、回归分析发现自我—品牌联结正向影响购买意愿。通过独立样本 T 检验，也发现强、弱自我—品牌联结组的购买意愿具有显著差异。

第三，检验了自我—品牌联结的中介作用。研究结果表明，自我—品牌联结部分中介于身份相似性对顾客购买意愿的影响。身份相似和身份模糊的顾客比身份不相似的顾客能够引发潜在顾客更强的自我—品牌联结，从而导致更高的购买意愿。而身份相似和身份模糊的顾客所引发的潜在顾客自我—品牌联结没有显著差异，因而引发的购买意愿也没有显著差异。值得注意的是，自我—品牌联结的中介作用是部分中介，而不是完全中介，这也说明了自我—品牌联结是身份相似性影响购买意愿的其中一个中介变量。

第四，产品知识在自我—品牌联结对购买意愿的影响中起到调节作用。产品知识会削弱自我—品牌联结对购买意愿的积极影响，即相对较高的产品知识水平，当产品知识水平低时，自我—品牌联结对购买意愿的正向影响更强。

四　产品呈现和身份呈现协同作用机制

第一，探讨了产品呈现和身份呈现的协同作用机制。本书把呈现的产品和呈现者的身份结合起来，通过产品呈现和身份呈现的后向效应的交互来探讨其对购买意愿的作用机制。研究结果表明，自我—品牌联结与产品临场感之间的交互效应显著。相较于弱自我—品牌联结，强自我—品牌联结下的产品临场感对购买意愿的影响更大。相较于低产品临场感，高产品临场感下的自我—品牌联结对购买意愿的影响更大。因此我们可以认为，产品呈现可以引发潜在顾客的产品临场感，身份呈现可以引发潜在顾客的自我—品牌联结，这种产品临场感和自我—品牌联结既可以直接地正向作用于购买意愿，也可以通过自我—品牌联结与产品临场感之间显著的交互效应产生更强的购买意愿。

第二，制定了晒单类型与产品类型的匹配策略。顾客在线产品呈现是一种新的营销资源和手段，应科学利用和管理。在线购物环境中，消费者既有对产品临场感的需要，也有对自我—品牌联结的需要。顾客在线产品呈现既可以呈现产品，也可以呈现消费者的身份，能够成为消费者满足产品临场感和自我—品牌联结需要的一种资源和手段，从而对其购买意愿产生影响。对身份呈现类和产品呈现类晒单，按照需要程度的高低两两配对，得到四种情形，对应四种产品类型。①对于复杂的、具有较强象征价值的产品，晒单策略为既呈现产品，也呈现相似性顾客的身份，以满足潜在顾客的功能性和象征性需求。②对于简单的、具有较强象征价值的产品，晒单策略为更加重视相似性顾客的身份呈现，以满足潜在顾客的象征性需求。③对于复杂的、以功能价值为主的产品，晒单策略为应该更加重视产品呈现，突出展示产品的功能细节和使用场景，使潜在顾客更好地了解产品，拉近其与产品之间的心理距离，从而提升购买意愿。④对于简单的、以功能价值为主的产品，潜在顾客不重视查看晒图，商家策略是在做好电商平台日常维护的基础上，把主要精力集中于其他方面，比如产品质量、物流等。

第二节 理论贡献和管理启示

一 理论贡献

本书以社会临场感和社会认同理论为指导，对顾客在线产品呈现效应进行研究，其理论贡献体现在以下几个方面。

第一，提出并验证了顾客在线产品呈现对潜在顾客购买意愿影响的理论模型，开辟了在线产品展示研究的新方向、新领域。顾客在线产品呈现是一种新的营销现象，也是一个新的研究内容。现有关于产品呈现或产品展示的文献大多数聚焦于以企业为主体的产品展示，以顾客为主体的产品呈现研究很少。而在互联网新应用日益发展、社会化媒体和商务日益兴起的背景下，这种顾客在线产品呈现的现象也将日益增加。因此，本书响应这种趋势，以顾客在线产品呈现的不同刺激为自变量，以潜在顾客购买意愿为因变量，深入研究顾客在线产品呈现效应及其机制，开辟了在线产品展示研究的新方向、新领域。

第二，提出了顾客在线产品呈现的不同方式，探究了其对潜在顾客购买意愿的影响和作用机理，丰富了社会临场感理论。这里有几点具体的理论贡献：首先，本书从顾客感知的角度，把顾客在线产品呈现分为三种方式：单纯产品呈现、消费场景呈现和顾客在场呈现，并研究其对临场感的影响，研究认为产品呈现方式对引发的产品临场感具有显著差异。这有别于现有临场感影响前因的研究文献，它们大多根据文本信息格式的不同，如文字、图片、视频、音频等来比较影响的不同。而本书根据产品呈现文本内容的不同来分类比较，这种划分很切合顾客在线呈现的实际，具有很强的可操作性。其次，本书围绕"产品呈现→产品临场感→购买意愿"的思路，厘清了产品呈现对潜在顾客购买意愿的影响机理。研究发现产品临场感完全中介于产品呈现对潜在顾客购买意愿的影响；在产品临场感对购买意愿的影响中，产品复杂性具有调节作用。另外，产品呈现方式是临场感的一个来源，不同的产品呈现方式可以引发不同的产品临场感，从而产生不同强度的购买意愿。因此，这一研究拓展了临场感的前置变量和后向效应研究，丰富了社会临场感理论，促进了社会临场感理论在电子商务环境中的研究和应用。

第三，探讨了现实顾客身份呈现对潜在顾客购买意愿的影响及其机制，丰富了顾客身份相似性效应、自我—品牌联结形成来源的研究成果。本书以自我—品牌联结为中介变量，围绕"身份呈现→自我—品牌联结→购买意愿"的思路，厘清了顾客身份呈现对潜在顾客购买意愿的影响机理。研究发现，自我—品牌联结部分中介于身份相似性对顾客购买意愿的影响，产品知识在自我—品牌联结对购买意愿的影响中具有调节作用。这里有几点具体的理论贡献：首先，其他顾客身份的相似性正向影响自我—品牌联结，丰富了自我—品牌联结形成来源的研究成果。其次，自我—品牌联结是部分中介而不是完全中介作用，说明了自我—品牌联结是身份相似性效应的其中一个中介变量。这区别于以往的文献，认为身份相似性效应是因为产生了积极情绪和互动意愿（Brack，et al.，2014），导致了共同性推断（Naylor，et al.，2011），建立了信任（Lu，et al.，2010）。本书研究与已有研究并不矛盾，是一种丰富和补充的关系。再次，本书研究把感知身份分为三种类型：相似、不相似和模糊，比较了其对购买意愿影响的大小。发现身份相似和身份模糊引发的购买意愿显著高于不相似组。而身份相似与身份模糊引发的购买意愿没有显著差异，即身份模糊的顾客与相似的顾客引发相当的购买意愿。这一结果不同于以前 Norton 等（2013）的研究结论（认为身份模糊时会导致被忽略或打折扣的观点），而与 Naylor（2011）的研究结果保持一致。因而，身份模糊性效应作为一个存在针锋相对结论的研究领域，本书研究为其提供了中国文化背景下的研究证据。

第四，揭示了在线购物环境中消费者将产品的功能性需求和象征性需求相结合的心理路径。消费者在购买特定的品牌产品时，既需要了解产品的外形、功能与使用体验等，即具有功能性需求；也会关注其他消费者的身份是否与自我概念相匹配，即具有象征性需求。本书研究把呈现的产品和呈现者的身份结合起来，通过产品呈现的后向效应——产品临场感和身份呈现的后向效应——自我—品牌联结的交互，来探讨产品呈现和身份呈现的交互影响机制。结果表明，产品临场感与自我—品牌联结之间的交互效应显著，从而揭示了在线购物环境中消费者将产品的功能性需求和象征性需求相结合的心理路径，即一方面通过他人的产品呈现来认识产品的功能特性和使用情景，另一方面通过他人的身份呈现来甄别所购产品是否与自我概念和身份相符。

二 管理启示

互联网新应用以及新媒体允许人们自我呈现和自我表露，已经成为品牌与消费者、消费者与消费者之间相互沟通、相互影响的重要工具。以前由管理者牢牢控制的品牌，现在越来越由消费者决定。因为人们越来越通过其他顾客的呈现来了解自己不熟悉的产品，从而形成购买意愿。"晒单"已经成为一种普遍的消费者行为，也日益得到企业的重视和应用。本书通过顾客"晒单"行为中的产品呈现和身份呈现效应研究，回答了"什么样的顾客和以什么样的方式进行产品呈现会导致潜在顾客更强的购买意愿"这一研究问题，有利于企业或品牌加深对顾客在线购买行为的理解，有利于对顾客在线产品呈现的各种相关信息进行监控、引导和管理，从而为营销管理实践提供建议和对策。具体来说，有以下几点。

第一，根据产品呈现方式对潜在顾客购买意愿的影响机制，营销管理者需要引导顾客采用恰当的方式进行产品呈现，以提升潜在顾客的购买意愿。

首先，鼓励顾客以恰当方式进行在线产品呈现。不同的产品呈现方式引发潜在顾客不同的产品临场感，从而影响购买意愿。研究认为不同产品呈现方式所引发的潜在顾客的产品临场感和购买意愿具有显著差异。其中，与单纯产品呈现相比，消费场景呈现和顾客在场呈现能引发更强的购买意愿；顾客在场呈现组与消费场景呈现组的购买意愿没有显著差异。产品临场感在产品呈现方式对购买意愿的影响中起完全中介作用。消费场景呈现和顾客在场呈现比单纯产品呈现会引发潜在顾客更高的产品临场感从而导致更高的购买意愿。随着互联网技术的发展，许多网络零售平台和社会化商务网站具备了消费者生成内容的功能，越来越多的消费者进行网络"晒单"或"晒图"，自主发布各种与产品有关的图片和文字信息。其他潜在消费者通过浏览企业网站或品牌页面就可以真实地了解产品信息。因此，企业应当鼓励消费者更多地进行在线产品呈现，特别是有效利用消费场景呈现和顾客在场呈现这样的方式进行产品呈现，以提高潜在消费者的产品临场感，让消费者"拉近彼此之间的距离""想象产品的上身效果""喜欢有生活气息的图片""更加客观真实地了解产品"[①]，从而提高其购

---

① 源于本书焦点小组访谈和深度访谈中的被访者原话。

买意愿。实践中，已有一些平台和商家鼓励顾客分享产品使用时的真实图片，并给这种行为返利和送积分，但需对呈现方式进行合理引导。

其次，引导消费者更多地呈现能给人带来积极联想、引发强自我—品牌联结的图片。由于产品呈现方式对购买意愿的影响受到自我—品牌联结的调节，相对于弱自我—品牌联结，强自我—品牌联结下的产品临场感对购买意愿的影响更大。因此，企业可以在顾客"晒图"时，引导顾客发布一些能给目标消费人群带来积极联想并引发强自我—品牌联结的"消费场景呈现"或"顾客在场呈现"的图片。正如焦点小组访谈中被访者所说，"喜欢有情景的图片，会达到以情景动人的效果"。也如吴声（2016）在其著作《场景革命：重构人与商业的连接》中所指出的，很多时候人们喜欢的不是产品本身，而是产品所处的场景，以及场景中自己浸润的情感。比如，仙人掌科、景天科等多肉植物，从产品层面来看，其貌不扬，颜值不高。然而，当它被"90 后"摆在办公桌上时，就会常常出现在透着阳光的原木窗旁边，有台灯、明信片的书桌，有装红酒的木格……这样的场景已经赋予了产品健康、乐观、朴素的情感和生活诉求。他认为这种场景化的思维可以使产品功能清晰，场景的背后隐含了互联网时代的生活方式和消费形态。

最后，要根据产品临场感的需要程度，针对不同的产品发展不同的在线产品呈现。在网购环境中，不同的产品类别，消费者感知风险和信息需求不一样，对产品临场感的需要程度也不一样。当对消费者决策来说是很重要的产品信息时，高水平的产品临场感是需要的。因而，产品临场感需要程度的不同取决于产品类型。Jungjoo Jahng（2000）研究认为，不同的产品类别对产品临场感有不同的要求，两者应该相协调。他根据电子商务环境的四种类别：简单环境、体验环境、社会化环境、丰富环境，相应地将产品类型也分为四种：简单产品、体验产品、社会化产品、复杂产品。他指出，电子商务环境的设计应该满足消费者产品选择任务的需要，尤其是产品临场感应该与用户决策所需要的程度相对应，复杂产品需要更多的产品临场感，但对简单产品而言，如果提供了太多的产品临场感，由于产生分心从而导致更少的满意度。因此，企业需要针对不同类型的产品采取不同的在线产品呈现。产品可以分为简单产品和复杂产品、搜索品和体验品、低涉入度产品和高涉入度产品。针对体验品（需要其他顾客提供信息，如酒店）、高卷入度产品和复杂产品（比如小汽车、服装等），消费者可能需要更高的产品临场感，以对产品属性有较好的认识。如京东鼓励顾客发布用烘烤箱制作蛋糕的真实图片，并给这种晒单行为返利和送积分。但购买书籍、日常生活用品则可能不需要。基于类似原理，本书制定了晒单类型—产品类型的匹配策略，可以为商家引导和管理晒单提供参考。

第二，根据现实顾客身份相似性对潜在顾客购买意愿的影响机制，营销管理者应引导恰当身份的顾客进行产品呈现。

首先，应引导和鼓励与目标市场身份相似的顾客进行在线产品呈现，以提高潜在顾客的购买意愿。现实顾客的感知身份不同，潜在顾客的购买意愿也不同。感知身份分为三种类型：相似、不相似和模糊，研究发现身份相似和身份模糊引发的购买意愿显著高于不相似组。而身份相似与身份模糊引发的购买意愿没有显著差异，即身份模糊的顾客与相似的顾客引发相当的购买意愿。自我—品牌联结部分中介于身份相似性对顾客购买意愿的影响。这一点对企业具有很好的管理启示。随着信息技术的发展，人们越来越借助互联网进行沟通，消费者通过浏览网络零售平台或品牌页面就可以真实地洞察其他顾客的身份。因此，企业可以更多地引导并鼓励与目标市场身份相似（至少身份模糊）的顾客进行有效的在线产品呈现，以提高潜在顾客的购买意愿。相反，要对身份不相似顾客的产品呈现进行有效的监控和管理，比如仅为通过身份验证的消费者开通和提供呈现其个人照片和身份信息的功能。正如焦点小组和深度访谈中被访者所说，"除了在穿衣打扮的时候不喜欢别人和自己雷同外，人们会互相寻找相似之处""与自己同身份的顾客会更令自己信服""我会更倾向于选择身份与我大致相同的人，我觉得这样的顾客与我的想法会有一定的相似性，会更加促进我的购买"……

其次，在不能得到相似性顾客进行产品呈现的情况下，对顾客身份进行模糊化处理，这不失为一种好的策略。由于身份相似与身份模糊引发几乎相同的自我—品牌联结和购买意愿，这可能是由于在身份模糊情景下，潜在顾客进行自我参照产生的结果。自我参照被认为是一个认知过程，在这个过程中个人通过把信息与自我相联系，提升信息加工程度，产生与相似性顾客近乎相同的效果，从而对产品产生正面积极的态度。因此，在不能得到相似性顾客进行产品呈现的情况下，对顾客的身份进行模糊化处理，即不提供身份呈现的功能，这也不失为一种好的策略。例如，某知名特卖电商购物网站上很多商品都没有提供其他消费者身份方面的信息。但身份模糊化处理也可能会导致退货的风险，比如一个大意的年轻消费者可能购买了中老年人穿的外套，从而不得不退货。

最后，根据顾客的相似性，建立和管理亚文化社群。网络社群是人们通过各类网络应用连接在一起的、关系松散的群体。"物以类聚，人以群分"，消费者分布在具有不同特征的亚文化社群中，每个用户的行为都有相同而明确的目标和期望的群体。不同的亚文化社群具备某些同质性，或共同的爱好，或共同的利益，或共同的品位，或共同的目标，社群成员相互感染和追随，从而形成一种凝聚力和文化力。因此，企业要研究客户群，掌握客户资料，挖掘消费者的共同点和差异点，通过组建不同的亚文化社群或者消费者圈子，来建立一种和品牌产品相关的共同价值观，充分挖掘和利用共同喜好，从而更好地对品牌产品的诉求点进行定位和传播。企业不仅要利用各类群体自发建立的社群开展营销活动，也可以根据需要组建若干个自己的客户亚文化社群。

第三，可为电子商务网站或社会化商务平台的功能设计提供指导，促进网络后台提供更方便、更强大的顾客在线产品呈现功能。消费者在购买特定的品牌产品时，一方面具有功能性需求，即需要对产品进行认知和体验；另一方面也具有象征性需求，即需要关注该品牌其他消费者的身份是否与自我概念相匹配。因此，顾客在线产品呈现作为一种营销资源和手段，一方面呈现了产品，另一方面呈现了身份，从而满足了在线购物时对品牌产品的功能性需求和象征性需求，进而对潜在顾客的购买意愿产生影响。本书研究有利于企业加深对顾客网络呈现和购买行为的理解，促进商家把顾客在线产品呈现作为一种有效的营销工具和营销策略，改进商务网站的功能设计，为网络后台提供更方便、更强大的顾客在线产品呈现功能，从而提升营销绩效。

具体来说，电子商务网站可以建立一个高质量的在线图片长廊，引导和奖励消费者及时便捷地晒图、晒单，以此增进潜在顾客虚拟的产品体验。除了分享产品外，营销管理者可以鼓励用户发送产品消费时的场景，更好地提高临场感，让潜在顾客有更好的体验，更有效地感受到产品的性能。潜在顾客因为网站中产品的视觉刺激，更有可能购买产品，产品图片呈现的影响远远超出了网上文字描述的影响。营销管理者也可以在网络平台上设置产品分享图标，以便于顾客能随时随地地将产品分享到各种各样的链接上（如到微信、微博、QQ空间、抖音等）。这种产品分享增加了产品曝光率，提高了潜在顾客的数量。特别是在移动互联时代，社交网络和朋友圈是一种自我存在的证明。人们日益通过图片社交、视频社交等方式进行自我呈现，这些个性化的产品呈现展现了一种生活方式，也使产品功能和使用情景更加清晰、生动。

总之，本书通过顾客在线产品呈现对潜在顾客购买意愿的影响及其机制研究，理论上丰富了社会临场感理论、身份相似性效应、自我—品牌联结等方面的研究，实践上为电商营销管理及电商平台设计提供了一系列对策建议。

第三节　研究局限及未来研究方向

一　研究局限

由于研究时间和能力的限制，本书还存在一些局限，主要表现在以下几个方面。

第一，样本选择的局限。本书研究选择的被试大多为在校大学生，他们虽然是网购的主力军，具有一定的代表性，但毕竟社会化程度还不高，对象征性需求的理解可能还不深。因此，未来研究可扩大样本范围，选择区别于在校大学生的社会人群。

第二，实验样品的局限。本书研究根据需要，分别选择带蓝牙功能的自拍杆、智能手环等风格相对一致的产品和具有社交功能的品牌外套、手提包作为实验样品，进行实验情景的设置，研究结果是否适用于其他类别的产品还有待检验。

第三，实验操纵的局限。在产品呈现效应研究中，在操纵顾客在场呈现这种方式时，为了不让图片中顾客的身份被识别，以消除顾客身份的影响，在刺激图片中仅显示在场顾客身体很少的一部分，这可能会影响实验结果。所以，是否存在更好的实验操纵方法有待以后进一步探讨。

二　未来研究方向

本书在文献梳理和研究实施过程中，发现顾客在线产品呈现是一个崭新的研究主题，它还存在许多有待研究的内容和方向，主要表现在以下几点。

第一，顾客晒单效应可能会呈现多种刺激因素，本书研究仅从产品呈现和身份呈现两个方面进行分类，或许还有其他刺激因素和分类方法，也可能对潜在顾客的心理和行为产生影响，这值得进一步研究。比如，本书研究中的"消费场景呈现"，其包含的消费场景范围很宽泛，不同的场景可能会产生不同的影响。因此，消费场景呈现还可进一步细分，从而更深入地探讨其影响。

第二，在晒单影响潜在顾客的过程中，不同类型的顾客和产品可能会有不同的效果，即晒单效应存在作用边界，本书研究分析了产品复杂性和产品知识的调节作用，未来可引入其他调节变量。比如，在产品呈现效应中，可能存在顾客介入度、产品类别等调节变量；在身份呈现效应中，不同性格和心理特质的顾客可能会有不同的反应，自我建构可能在其中发挥调节作用，这有待进一步探讨。

第三，社会临场感理论在我国电子商务领域中的研究并不深入，在线环境中，社会临场感和产品临场感的影响前因和后向效应研究需要不断丰富和完善。临场感对购买意愿的影响机理，以及其中的中介变量和调节变量都值得深入研究。

总之，围绕顾客"晒单"的刺激因素和影响边界，还有很多方面值得研究，希望后续研究可以进一步打开这个"黑箱"，从而为实践提供更多科学指导。

附 录

研究三：产品呈现效应调查问卷

尊敬的被访者：

您好！这是一份学术研究问卷，目的是想了解消费者网购中关于晒图的心理和行为。非常感谢您抽空填写这份问卷！本实验没有任何潜在风险，仅用于学术研究，您所提供的信息将被严格保密，敬请安心作答。答案没有对错之分，请按照您个人的真实想法进行选择。

祝健康快乐、万事如意！

一 请阅读以下材料，然后在您所选择的答案（数字）上打"√"。

想象一下，在即将到来的假期，您计划与亲朋好友一起外出旅游，为此，您打算购买一款带蓝牙功能的自拍杆。现在您正在某网络零售平台搜寻适合自己的产品，这时您对 M 牌的一款自拍杆产生初步兴趣，产品价格符合您的预算，基本信息如下。

名称：M 牌蓝牙自拍杆	
促销：赠送三脚架	
颜色：黄色、黑色、蓝色、粉色等可选	
长度：100cm	商品评分：4.8
重量：242g	店铺评分：4.8
蓝牙链接范围：10m	
适用范围：配备 ios 系统 5.0 以上或安卓系统的手机及平板电脑	

在做购买决策之前，您通过网络，查看了其他已购该产品的消费者晒出的产品图片，具体如下（附评论）。

第一组：单纯产品呈现

很满意，除了自拍，还可以当手机支架，太方便了，物有所值！

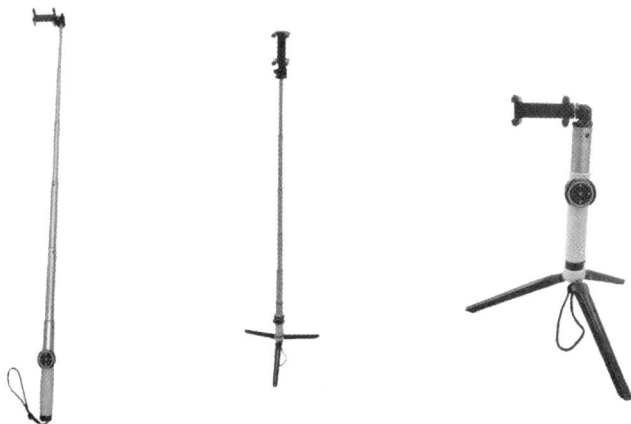

（笔者拍摄）

第二组：消费场景呈现

很满意，除了自拍，还可以当手机支架，太方便了，物有所值！

（笔者拍摄）

第三组：顾客在场呈现

很满意，除了自拍，还可以当手机支架，太方便了，物有所值！

（笔者拍摄）

请根据这些信息，完成下面的打分。

1. 您在网上购物时，除了关注商家发布的产品图片，也会关注消费者晒出的产品图片。

非常不同意			一般			非常同意
1	2	3	4	5	6	7

2. 您在上述图片中，能看见产品本身。

非常不同意			一般			非常同意
1	2	3	4	5	6	7

3. 您在上述图片中，能看见产品使用的场景。

非常不同意			一般			非常同意
1	2	3	4	5	6	7

4. 您在上述图片中，能看到使用产品的顾客在场。

非常不同意			一般			非常同意
1	2	3	4	5	6	7

5. 看到上述图片，您可以很容易地想象这种产品的样子和特点。

	非常不同意			一般			非常同意
	1	2	3	4	5	6	7

6. 看到上述图片，这种产品的主要特性/功能得到了生动的呈现。

	非常不同意			一般			非常同意
	1	2	3	4	5	6	7

7. 看到上述图片，您能理解这种产品的必要信息。

	非常不同意			一般			非常同意
	1	2	3	4	5	6	7

8. 看到上述图片，您可以很容易地想象自己使用这种产品时的情景。

	非常不同意			一般			非常同意
	1	2	3	4	5	6	7

9. 看到上述图片，感觉好像现场体验产品一样。

	非常不同意			一般			非常同意
	1	2	3	4	5	6	7

10. 这种产品呈现方式是生动的、有吸引力的。

	非常不同意			一般			非常同意
	1	2	3	4	5	6	7

11. 根据上述产品和图片信息，您愿意试用这种产品。

非常不同意			一般		非常同意	
1	2	3	4	5	6	7

12. 根据上述产品和图片信息，您很可能会购买这种产品。

非常不同意			一般		非常同意	
1	2	3	4	5	6	7

二　被调查者个人资料（仅作研究之用，我们将严格保密），请在相应选择的□里打"√"。

1. 您的年龄：□18 岁以下　　□18—24 岁　　□25—30 岁 □31 岁及以上

2. 您的性别：□男　　□女

3. 您的学历：□高中及以下　　□大专　　□本科　　□硕士及以上

4. 您有没有网购经历：　□有　　□无

本问卷到此结束，谢谢您的合作！

研究四：产品复杂性调节作用调查问卷

尊敬的被访者：

您好！这是一份学术研究问卷，目的是想了解消费者网购中关于晒图的心理和行为。非常感谢您抽空填写这份问卷！本实验没有任何潜在风险，仅用于学术研究，您所提供的信息将被严格保密，敬请安心作答。答案没有对错之分，请按照您个人的真实想法进行选择。

祝健康快乐、万事如意！

一　请您阅读以下材料，然后在相应选项的数字上打"√"（1表示非常不同意，7表示非常同意，下同）。

想象一下，您即将和亲友一起外出旅游，为更好地记录美好瞬间，您打算购买一款带蓝牙功能的自拍杆。现在您正在某网络零售平台搜寻适合自己的产品，这时您对 M 牌的自拍杆产生兴趣，产品价格符合你的预算，基本信息如下。

名称：M 牌蓝牙自拍杆 促销：赠送三脚架 颜色：黄色、黑色、蓝色、粉色等（可选） 长度：100cm 蓝牙链接范围：10m 适用范围：配备 ios 系统 5.0 以上或安卓系统的手机及平板电脑	商品评分：4.8 店铺评分：4.8

在做购买决策之前，您通过网络，查看了其他买家的晒图或晒单，具体如下。

第一组：高产品临场感组

很满意，除了自拍，还可以当手机支架，太方便了，物有所值！

（笔者拍摄）

第二组：低产品临场感组

很满意，除了自拍，还可以当手机支架，太方便了，物有所值！

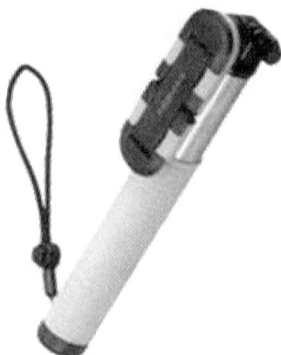

（笔者拍摄）

请根据这些信息，在相应选项的数字上打"√"。

1. 看到上述图片，您可以很容易想象这种产品的样子和特点。

非常不同意			一般			非常同意
1	2	3	4	5	6	7

2. 看到上述图片，这种产品的主要特性/功能得到了生动的呈现。

非常不同意			一般			非常同意
1	2	3	4	5	6	7

3. 看到上述图片，您能理解这种产品的必要信息。

非常不同意			一般			非常同意
1	2	3	4	5	6	7

4. 看到上述图片，您可以很容易想象自己使用这种产品时的情景。

非常不同意			一般		非常同意	
1	2	3	4	5	6	7

5. 看到上述图片，感觉好像现场体验产品一样。

非常不同意			一般		非常同意	
1	2	3	4	5	6	7

6. 这种产品呈现方式是生动的、有吸引力的。

非常不同意			一般		非常同意	
1	2	3	4	5	6	7

7. 您认为该蓝牙自拍杆的零部件数量较多。

非常不同意			一般		非常同意	
1	2	3	4	5	6	7

8. 您认为该蓝牙自拍杆的生产工艺较复杂。

非常不同意			一般		非常同意	
1	2	3	4	5	6	7

9. 您认为该蓝牙自拍杆的组件较难模块化。

非常不同意			一般		非常同意	
1	2	3	4	5	6	7

10. 您认为该蓝牙自拍杆设计所需的专业知识水平较高。

非常不同意			一般		非常同意	
1	2	3	4	5	6	7

11. 根据上述产品和图片信息，您愿意试用这种产品。

非常不同意			一般			非常同意
1	2	3	4	5	6	7

12. 根据上述产品和图片信息，您很可能会购买这种产品。

非常不同意			一般			非常同意
1	2	3	4	5	6	7

三 被调查者背景资料

1. 您的性别：□男　　　　□女
2. 您的身份：□学生　　　□已参加工作　　　□其他
3. 您的年龄：□18—24 岁　□25—30 岁　□31—40 岁　□41—50 岁　□51 岁及以上

问卷到此结束，非常感谢您的支持！

研究五：身份呈现效应调查问卷

尊敬的被访者：

您好！这是一份学术研究问卷，目的是想了解消费者网购中的一些心理和行为。非常感谢您抽空填写这份问卷！本实验没有任何潜在风险，仅用于学术研究，您所提供的信息将被严格保密，敬请安心作答。答案没有对错之分，请按照您个人的真实想法进行选择。

祝健康快乐、万事如意！

一 请您阅读以下材料，请在所选择的答案（数字）上打"√"。

想象一下，为了适应季节变换和社交活动的需要，您需要购买一件品牌外套。现在您正在某网络零售平台搜寻适合自己的产品，这时您对 L 牌的一款外套产生初步兴趣，已了解到产品价格符合您的预

算，产品的质量没有问题，都是好评。在做出购买决策之前，您通过
网络，发现其他已经购买该产品的消费者身份具有如下特征。

第一组：身份相似组

整体来看，这些消费者和你年龄相近、外表相似、兴趣爱好相
同、风格品位相似，他（她）们是您认同或想成为的那种类型的人。

第二组：身份模糊组

整体来看，这些消费者由于没有表露任何身份信息，所以您不
知道 L 牌外套消费者的具体身份。

第三组：身份不相似组

整体来看，这些消费者和您的年龄、外表差异较大，兴趣爱好
不相同、风格品位也不相同，他（她）们不是您认同或想成为的那
种类型的人。

请根据这些信息，完成下面的打分。

1. 您觉得自己与这种品牌产品的消费者有多相似？

一点都不相似		一般		非常相似		
1	2	3	4	5	6	7

2. 您认为自己与这种品牌产品的消费者属于同一社会群体或同一
类型的人。

非常不同意		一般		非常同意		
1	2	3	4	5	6	7

3. 您觉得这款品牌产品非常适合您的身份。

非常不同意		一般		非常同意		
1	2	3	4	5	6	7

4. 您认为这款品牌产品能反映您是什么人。

非常不同意			一般			非常同意
1	2	3	4	5	6	7

5. 您认为这款品牌产品可以帮助您成为您想成为的那类人。

非常不同意			一般			非常同意
1	2	3	4	5	6	7

6. 您认为这款品牌产品反映了您自己想要的形象，或者您想展示给别人的形象。

非常不同意			一般			非常同意
1	2	3	4	5	6	7

7. 您认为可以通过使用这款品牌产品来向别人展示您是什么样的人。

非常不同意			一般			非常同意
1	2	3	4	5	6	7

8. 您愿意试用这种品牌产品。

非常不同意			一般			非常同意
1	2	3	4	5	6	7

9. 您很可能会购买这种品牌产品。

非常不同意			一般			非常同意
1	2	3	4	5	6	7

　　二　被调查者背景资料（仅供研究分析使用，我们将严格为您保密）

　　1. 您的年龄：□18 岁以下　　　□18—24 岁　　　□25—30 岁□31 岁及以上

　　2. 您的性别：□男　　□女

　　3. 您的学历：□高中及以下　　□大专　　□本科　　□硕士及以上

　　4. 您有没有网购经历：　□有　　□无

　　　　　　本问卷到此结束，谢谢您的合作！

研究六：产品知识调节作用调查问卷

尊敬的被访者：

　　您好！这是一份学术研究问卷，目的是想了解消费者网购中的一些心理和行为。非常感谢您抽空填写这份问卷！本实验没有任何潜在风险，仅用于学术研究，您所提供的信息将被严格保密，敬请安心作答。答案没有对错之分，请按照您个人的真实想法进行选择。

　　祝健康快乐、万事如意！

　　一、请您阅读以下材料，请在相应选项的数字上打"√"（1 表示非常不同意，2 表示比较不同意，依次类推，7 表示非常同意）。

　　想象一下，为了方便学习生活，您打算购买一个智能手环。现在您正在某网络零售平台搜寻适合自己的产品，最终购买与否取决于您自己的意愿。网上浏览时您看到了小米智能手环，价格符合预算，其他具体信息如下。

品牌名称：小米手环 5 商品毛重：55.00g 健康功能：计步、睡眠监测、久坐提醒 通信功能：来电提醒，消息提醒 心率监测：实时监测 屏幕显示：动态彩显大屏 运动功能：11 种运动模式自动识别 续航时间：14 天 防水等级：50 米防水 充电方式：磁吸充电线 腕带颜色：黑、黄、蓝、绿等各色可选	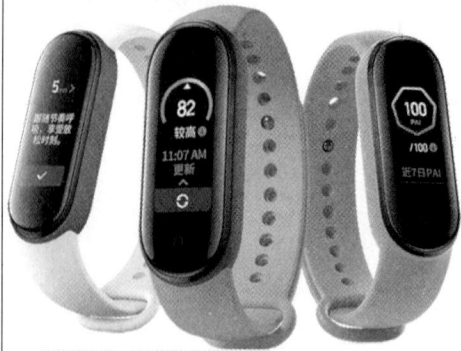 （图片源于京东官网） 商品评分：4.8　店铺评分：4.8

　　小米手环可提供个人活力指数、压力监测、呼吸训练三种健康模式，帮你告别身体亚健康；全新女性健康每月小秘密，记录又提醒；联动小米运动 APP 每日健康数据一目了然。还有更多贴心功能，如播放音乐、寻找手机、手环闹钟、天气预报、日历提醒、事件提醒、支付宝支付等。

　　请根据这些与产品有关的情景信息，完成下面的题项。

　　1. 您觉得这款品牌产品非常适合您的身份。

非常不同意			一般			非常同意
1	2	3	4	5	6	7

　　2. 您认为这款品牌产品能反映您是什么人。

非常不同意			一般			非常同意
1	2	3	4	5	6	7

　　3. 您认为这款品牌产品可以帮助您成为您想成为的那类人。

非常不同意			一般			非常同意
1	2	3	4	5	6	7

4. 您认为这款品牌产品反映了您自己想要的形象，或者您想展示
给别人的形象。

非常不同意			一般			非常同意
1	2	3	4	5	6	7

5. 您认为可以通过使用这款品牌产品来向别人展示您是什么样
的人。

非常不同意			一般			非常同意
1	2	3	4	5	6	7

6. 您在智能手环这类产品方面知识丰富。

非常不同意			一般			非常同意
1	2	3	4	5	6	7

7. 您对购买智能手环这类商品经验丰富。

非常不同意			一般			非常同意
1	2	3	4	5	6	7

8. 您对智能手环这类商品非常了解。

非常不同意			一般			非常同意
1	2	3	4	5	6	7

9. 您对购买智能手环这类商品是行家。

非常不同意			一般			非常同意
1	2	3	4	5	6	7

10. 综合上述产品和情景信息，您愿意试用这种产品。

非常不同意			一般			非常同意
1	2	3	4	5	6	7

11. 综合上述产品和情景信息，您很可能会购买这种产品。

非常不同意			一般			非常同意
1	2	3	4	5	6	7

二　被调查者个人资料（仅作研究之用，我们将严格保密），请在相应选择的□里打"√"。

1. 您的年龄：□18 岁以下　□18—24 岁　□25—30 岁　□31 岁及以上

2. 您的性别：□男　　□女

3. 您的学历：□高中及以下　□大专　　□本科　　□硕士及以上

4. 您有没有网购经历：　□有　　□无

本问卷到此结束，谢谢您的合作！

研究七：产品呈现与身份呈现交互影响机制调查问卷

尊敬的被访者：

您好！这是一份学术研究问卷，目的是想了解消费者网购中的一些心理和行为。非常感谢您抽空填写这份问卷！本实验没有任何潜在风险，仅用于学术研究，您所提供的信息将被严格保密，敬请安心作答。答案没有对错之分，请按照您个人的真实想法进行选择。

祝健康快乐、万事如意！

一 请阅读以下材料，然后在您所选择的答案（数字）上打"√"。

想象一下，在即将到来的假期，您计划与亲朋好友一起外出旅游，为此，您需要购买一款带蓝牙功能的自拍杆。现在您正在某网络零售平台搜寻适合自己的产品，这时您对 M 牌的一款自拍杆产生初步兴趣，产品价格符合您的预算，基本信息如下。

名称：M 牌蓝牙自拍杆 促销：赠送三脚架 颜色：黄色、黑色、蓝色、粉色等可选 长度：100cm 重量：242g 蓝牙链接范围：10m 适用范围：配备 ios 系统 5.0 以上或安卓系统的手机及平板电脑	商品评分：4.8 店铺评分：4.8

在做购买决策之前，您通过网络，查看了其他已购该产品的消费者晒出的产品图片，具体如下（附评论）。

高产品临场感组：

很满意，除了自拍，还可以当手机支架，太方便了，物有所值！

（笔者拍摄）

低产品临场感组：

很满意，除了自拍，还可以当手机支架，太方便了，物有所值!

（笔者拍摄）

请根据这些信息，完成下面的打分。

1. 看到上述图片，您可以很容易地想象这种产品的样子和特点。

非常不同意			一般			非常同意
1	2	3	4	5	6	7

2. 看到上述图片，这种产品的主要特性/功能得到了生动的呈现。

非常不同意			一般			非常同意
1	2	3	4	5	6	7

3. 看到上述图片，您能理解这种产品的必要信息。

非常不同意			一般			非常同意
1	2	3	4	5	6	7

4. 看到上述图片，您可以很容易地想象自己使用这种产品时的情景。

非常不同意			一般		非常同意	
1	2	3	4	5	6	7

5. 看到上述图片，感觉好像现场体验产品一样。

非常不同意			一般		非常同意	
1	2	3	4	5	6	7

6. 这种产品呈现方式是生动的、有吸引力的。

非常不同意			一般		非常同意	
1	2	3	4	5	6	7

二 请结合上述情景，继续阅读下面的材料，并在您所选择的答案（数字）上打"√"。

强自我—品牌联结组：

在看到上述产品信息的同时，您发现这款 M 牌自拍杆具有如下特征：

> 它能够反映您的兴趣、爱好和品味，能够有效地构建或提升您的身份和形象。

弱自我—品牌联结组：

在看到上述产品信息的同时，您发现这款 M 牌自拍杆具有如下特征：

> 它不能反映您的兴趣、爱好和品味，也不利于构建或提升您的身份和形象。

1. 您觉得这款品牌产品非常适合您的身份。

非常不同意			一般		非常同意	
1	2	3	4	5	6	7

2. 您认为这款品牌产品能反映您是什么人。

非常不同意			一般			非常同意
1	2	3	4	5	6	7

3. 您认为这款品牌产品可以帮助您成为您想成为的那类人。

非常不同意			一般			非常同意
1	2	3	4	5	6	7

4. 您认为这款品牌产品反映了您自己想要的形象，或者您想展示给别人的形象。

非常不同意			一般			非常同意
1	2	3	4	5	6	7

5. 您认为可以通过使用这款品牌产品来向别人展示您是什么样的人。

非常不同意			一般			非常同意
1	2	3	4	5	6	7

6. 综合上述产品和使用者信息，您愿意试用这种产品。

非常不同意			一般			非常同意
1	2	3	4	5	6	7

7. 综合上述产品和使用者信息，您很可能会购买这种产品。

非常不同意			一般			非常同意
1	2	3	4	5	6	7

三　被调查者个人资料（仅作研究之用，我们将严格保密），请在相应选择的□里打"√"。

1. 您的年龄：□18 岁以下　□18—24 岁　□25—30 岁　□31 岁及以上

2. 您的性别：□男　　□女

3. 您的学历：□高中及以下　□大专　　□本科　　□硕士及以上

4. 您有没有网购经历：　□有　　□无

本问卷到此结束，谢谢您的合作！

参考文献

一 中文文献

蔡鹭新、吕巍:《基于场景的竞争思维——中国企业走出产品同质化困境之道》,《市场营销导刊》2005年第3期。

曹巨江、陈诚:《产品虚拟展示中的环境设计》,《包装工程》2010年第24期。

陈晓萍等:《组织与管理研究的实证方法》,北京大学出版社2008年版。

陈丽哲:《并购情境中上向信任的前因及对人力资源整合的影响研究——基于社会身份理论》,博士学位论文,浙江大学,2018年。

戴鑫、卢虹:《社会临场感在多领域的发展及营销研究借鉴》,《管理学报》2015年第8期。

杜伟强等:《参照群体类型与自我—品牌联系》,《心理学报》2009年第2期。

范晓屏等:《网站生动性和互动性对消费者产品态度的影响——认知需求的调节效应研究》,《管理工程学报》2013年第3期。

[美]菲利普·科特勒、凯文·莱恩·凯勒:《营销管理》,梅清豪译,上海人民出版社2006年版。

费孝通:《乡土中国》,上海人民出版社2007年版。

龚艳萍、梁树霖:《团购服务场景对消费者购买意愿影响的研究》,《华东经济管理》2015年第11期。

顾巧玲:《B2C环境下网站临场感与网站信任及购买意愿的关系研究》,硕士学位论文,兰州大学,2014年。

郭伏等:《网络广告设计要素、临场感及顾客行为意向关系研究》，《人类工效学》2015 年第 3 期。

黄静等：《"你摸过，我放心！" 在线评论中触觉线索对消费者购买意愿的影响研究》，《营销科学学报》2015 年第 1 期。

黄静等：《在线图片呈现顺序对消费者购买意愿的影响研究——基于信息处理模式视角》，《营销科学学报》2016 年第 1 期。

黄静等：《网上产品动静呈现对消费者产品评价的影响》，《管理学报》2017 年第 5 期。

黄敏学等：《广告中产品信息呈现越精确越好吗——可接近性—可诊断性视角》，《营销科学学报》2018 年第 Z1 期。

郝媛媛：《在线评论对消费者感知与购买行为影响的实证研究》，博士学位论文，哈尔滨工业大学，2010 年。

季婧：《身份动机对品牌认同的影响》，博士学位论文，浙江大学，2014 年。

李光明等：《购物网站交互性对顾客满意度的影响——远程临场感与心流的链式中介作用》，《软科学》2016 年第 1 期。

李怀祖：《管理研究方法论》，西安交通大学出版社 2004 年版。

李赞：《品牌熟悉度、社会距离与产品呈现方式对网络购买倾向的影响》，硕士学位论文，湖南师范大学，2019 年。

李锡元等：《个体—主管深层相似性感知与员工创新行为：两个中介效应的检验》，《科技进步与对策》2017 年第 18 期。

梁芳美等：《共同内群体认同对心理融合的促进效应及其机制》，《心理科学》2020 年第 5 期。

廖以臣：《信息内容呈现对消费者在线信任的影响——以 C2C 网上商店为例》，《经济管理》2012 年第 2 期。

刘晟楠：《消费者虚拟触觉研究成因与结果》，博士学位论文，大连理工大学，2011 年。

刘容等：《社会化商务情境下商家自我呈现对顾客信任的影响研究》，《管理学报》2021 年第 3 期。

柳武妹：《消费行为领域的触觉研究：回顾、应用与展望》，《外国经济与管理》2014 年第 4 期。

卢纹岱：《SPSS 统计分析》，电子工业出版社 2010 年版。

孟陆等：《创新产品类别与呈现顺序相匹配对消费者购买意愿的影响》，《营销科学学报》2017 年第 4 期。

吕洪兵：《B2C 网店社会临场感与粘性倾向的关系研究》，博士学位论文，大连理工大学，2012 年。

宁昌会：《基于消费者效用的品牌权益模型研究》，中国财政经济出版社 2005 年版。

［美］欧文·戈夫曼：《日常生活中的自我呈现》，冯钢译，北京大学出版社 2008 年版。

［美］汤姆·海斯、迈克尔·马隆：《湿营销：最具颠覆性的营销革命》，曹蔓译，机械工业出版社 2011 年版。

唐绪军等：《中国新媒体发展报告（2013）》，社会科学文献出版社 2013 年版。

［美］特蕾西·塔腾、迈克尔·所罗门：《社会化媒体营销》，李季、宋尚哲译，中国人民大学出版社 2014 年版。

王辉等：《网站生动化对社会临场感、顾客忠诚度影响的研究》，《生产力研究》2013 年第 12 期。

温忠麟、叶宝娟：《中介效应分析：方法和模型发展》，《心理科学进展》2014 年第 5 期。

温忠麟等：《中介效应检验程序及其应用》，《心理学报》2004 年第 5 期。

吴明隆：《问卷统计分析实务：SPSS 操作与应用》，重庆大学出版社 2010 年版。

吴声：《场景革命：重构人与商业的连接》，机械工业出版社 2016 年版。

武瑞娟：《网店临场感对消费者网店使用态度影响效应研究》，《天津工业大学学报》2014 年第 1 期。

项立：《探讨消费者在社会化购物社区上的冲动购物行为》，硕士学位论文，中国科学技术大学，2013 年。

徐健等：《企业微博价值维度及其对品牌忠诚的影响机制研究》，

《营销科学学报》2012 年第 3 期。

闫幸、常亚平：《企业微博互动策略对消费者品牌关系的影响——基于新浪微博的扎根分析》，《营销科学学报》2013 年第 3 期。

杨颖、朱毅：《无图无真相？图片和文字网络评论对服务产品消费者态度的影响》，《心理学探新》2014 年第 1 期。

于婷婷、窦光华：《社会临场感在网络购买行为研究中的应用》，《国际新闻界》2014 年第 5 期。

张升：《SNS 在线身份信息对用户信任评定的影响》，硕士学位论文，湖南大学，2013 年。

赵宏霞等：《基于虚拟触觉视角的在线商品展示、在线互动与冲动性购买研究》，《管理学报》2014 年第 1 期。

赵宏霞等：《B2C 网络购物中在线互动及临场感与消费者信任研究》，《管理评论》2015 年第 2 期。

郑春东等：《网上商店产品展示研究综述——基于对 SOR 模型的拓展》，《大连海事大学学报》（社会科学版）2016 年第 1 期。

钟科等：《感官营销研究综述与展望》，《外国经济与管理》2016 年第 5 期。

周菲、李小鹿：《社会临场感对网络团购消费者再购意向影响研究》，《辽宁大学学报》（哲学社会科学版）2015 年第 4 期。

朱国玮、吴雅丽：《网络环境下模特呈现对消费者触觉感知的影响研究》，《中国软科学》2015 年第 2 期。

朱昊琳：《网红产品呈现策略及其对消费者购买意愿的影响——基于接受美学视角》，硕士学位论文，江西师范大学，2019 年。

二　英文文献

Aaker, D. A., Keller, K. L., "Consumer Evaluations of Brand Extensions", *Journal of Marketing*, 1990, 54 (1): 27 – 41.

Aaker, et al., "Non – Target Markets and Viewer Distinetiveness: The Impact of Target Marketing on Advertising Attitudes", *Journal of Consumer Psychology*, 2000, 9 (3): 127 – 140.

Alaa M. Elbedweihy, Chanaka Jayawardhena, "Consumer – brand Identification: A Social Identity Based Review and Research Directions", *The Marketing Review*, 2014, 14 (2): 205 – 228.

Allport, F. H. , "The Influence of the Group Upon Association and Thought", *Journal of Experimental Psychology*, 1920, 3 (3): 159 – 182.

Andersen, S. M. , Chen, S. , "The Relational Self: An Interpersonal Social – cognitive Theory", *Psychological Review*, 2002, 109 (4): 619 – 645.

Andrzej Ogonowski , et al. , "Should New Online Stores Invest in Social Presence Elements? the Effect of Social Presence on Initial Trust Formation", *Journal of Retailing and Consumer Services* , 2014, 21: 482 – 491.

Angella J. Kim, Eunju Ko, "Do Social Media Marketing Activities Enhance Customer Equity? An Empirical Study of Luxury Fashion Brand", *Journal of Business Research*, 2012, 65 (10): 1480 – 1486.

Anna Dorothea Brack, Martin Benkenstein, "Responses to Other Similar Customers in a Service Setting – analyzing the Moderating role of Perceived Performance Risk", *Journal of Services Marketing*, 2014, 28 (2): 138 – 146.

Anna Dorothea Brack, Martin Benkenstein, "The Effects of Overall Similarity Regarding the Customer – to – customer – relationship in A Service Context", *Journal of Retailing and Consumer Services*, 2012, 19: 501 – 509.

Anthony Patino, et al. , "Social Media's Emerging Importance in Market Research", *Journal of Consumer Marketing*, 2012, 29 (3): 233 – 237.

Argyle, M. , Cook, M. , *Gaze and Mutual Gaze*, London: Cambridge University, 1976.

Argyle, M. , Dean, J. , "Eye Contact, Distance and Affiliation", *Sociometry*, 1965, 28: 289 – 304.

Armstrong, et al. , "The Real Value of On – Line Communities", *Harvard Business Review*, 1996, 74 (5 – 6): 134 – 141.

Baird, et al., "From Social Media to Social Customer Relationship Management", *Strategy & Leadership*, 2011, 39 (5): 30 – 37.

Barak Libal, et al., "Decomposing the Value of Word – of – mouth Seeding Programs: Acceleration Versus Expansion", *Journal of Marketing Research*, 2013, 50 (2): 161 – 176.

Baumeister, R. F., Leary, M. R., "The Need to Belong: Desire for Interpersonal Attachments as a Fundamental Human Motivation", *Psychological Bulletin*, 1995, 117: 497 – 529.

Baym, N. K., et al., "Social Interaction Across Media: Interpersonal Communication on the Internet, Telephone, and Face – to – face", *New Media & Society*, 2004, 6 (3): 299 – 318.

Bearden, et al., "Reference Group Influence on Product and Brand Purchase Decisions", *Journal of Consumer Research*, 1982, 9 (2): 183 – 194.

Belk, R., "Sharing", *Journal of Consumer Research*, 2010, 36 (5): 715 – 734.

Belk, R. W., "Possessions and the Extended Self", *Journal of Consumer Research*, 1988, 15 (2): 139 – 168.

Bertrandias, L, Goldsmith, R, E., "Some Psychological Motivations for Fashion Opinion Leadership and Fashion Opinion Seeking", *Journal of Fashion Marketing and Management*, 2006, 10 (1): 25 – 40.

Bettman, J. R., et al., "A Componential Analysis of Cognitive Effort in Choice", *Organizational Behavior and Human Decision Processes*, 1990, 45 (1): 111 – 139.

Bhattacharya, C. B., Sen, S., "Consumer – company Identification: A Framework for Understanding Consumers Relationships with Companies", *Journal of Marketing*, 2003, 67 (2): 76 – 88.

Bhatti, N., et al., "Integrating User – perceived Quality into Web Server Design", *Computer Networks*, 2000, 22: 1 – 16.

Biocca, F., "The Cyborg's Dilemma: Progressive Embodiment in

Virtual Environments", *Journal of Computer - Mediated Communication*, 1997, 3 (2). Available: http: //www. ascusc. org/jcmc/vol3/issue2/ biocca2. html.

Biocca, F., Harms, C., "What is Social Presence?", in F. Gouveia & F. Biocca (eds.), *Presence* 2002 *Proceedings*, Porto, Portugal: University of Fernando Pessoa Press, 2002.

Biocca, F., Levy, M. R., *Communication in the Age of Virtual Reality*, Hillsdale, NJ: Lawrence Erlbaum Associates, 1995.

Biocca, F., Nowak, K., "I Feel as If I'm Here, Inside the Computer: Toward a Theory of Presence in Advanced Virtual Environments", Paper Presented at the International Communication Association Conference, San Francisco, CA, 1999.

Biocca, F., et al., "Toward a More Robust Theory and Measure of Social Presence: Review and suggested criteria", *Teleoperators & Virutal Environments*, 2003, 12 (5): 456 – 480.

Biocca, F., "Inserting the Presence of Mind into a Philosophy of Presence: A Rresponse to Sheridan and Mantovani and Riva", *Presence: Teleoperators and Virtual Environments*, 2001, 10 (5): 546 – 556.

Biocca, F., "Plugging Your Body into the Telecommunication System: Mediated Embodiment, Media Interfaces, and Social Virtual Environments", in C. Lin and D. Atkin (eds.), *Communication Technology and Society*, Waverly Hill, VI: Hampton Press, 2001: 407 – 447.

Birdwhistell, R. L., *Kinesics and Context: Essays on Body Motion Communication*, Philadelphia: University of Pennsylvania Press, 1970.

Blumer, H., *Symbolic Interactionism: Perspective and Method*, Englewood Cliffs, NJ: Prentice – Hall, 1969.

Boyd, D. M., Ellison, N. B., "Social Network Sites: Definition, History, and Scholarship", *Journal of Computer Communication*, 2007, 13 (1): 210 – 230.

Brewer, Bill, "Bodily Awareness and the Self", in *The Body and the*

Self, ed. Jose Luis Bermudez, Anthony Marcel, and Naomi Eilan, Cambridge, MA: MIT Press, 1998: 291 - 309.

Brocato, E. D., Voorhees, C. M., Baker, J. "Understanding the Influence of Cues From other Customers in the Service Experience: A Scale Development and Validation", *Journal of Retailing*, 2012, 88 (3): 384 - 398.

Burnkrant, R. E., Cousineau, A., "Informational and Normative Social Influence in Buyer Behavior", *Journal of Consumer Research*, 1975, 2 (3): 206 - 215.

Byme, Donn Erwin, *The Attraction Paradigm*, New York: Académie Press, 1971.

Sashi, C. M., "Customer Engagement, Buyer - seller Relationships, and Social Media", *Management Decision*, 2012, 50 (2): 253 - 272.

Cha, J., "Shopping on Social Networking Websites: Attitudes toward real Versus Virtual Items", *Journal of Interactive Advertising*, 2009, 10 (1): 77 - 93.

Martin, C. L., Charles A Pranter, "Compatibility Management: Customer - to - Customer Relationships in Service Environments", *Journal of Services Marketing*, 1989, 3 (3): 5 - 15.

Courtney L. Gosnell, et al., "Self - presentation in Everyday Life: Effort, Closeness, and Satisfaction", *Psychology Press*, 2009, 10 (1): 18 - 31.

D. Lee, et al., "The Impact of Online Brand Community Type on Consumer's Community Engagement Behaviors: Consumer - created vs. Marketer - created Online Brand Community in Online Social - networking Web sites", *Cyberpsychology Behavior and Social Networking*, 2010, 14 (1 - 2): 59 - 63.

Rajecki, et al., "Social Facilitation of Human Performance: Mere Presence Effects", *Journal of Social Psychology*, 1977, 102 (2): 297 - 310.

Daft, R. L., Lengel, R. H., "Organizational Information Requirements, Media Richness and Structural Design", *Management Science*,

1986, 32 (5): 554 – 571.

Daft, R. L., Weick, K. E., "Toward a Model of Organizations as Interpretation Systems", *Academy of Management Review*, 1984, 9 (2): 284 – 295.

Daft, R. L., et al., "Message Equivocality, Media Selection, and Manager Performance: Implications for Information Systems", *MIS Quarterly*, 1987, 9: 355 – 366.

Darren W. Dahl, et al., "Social Information in the Retail Environment: the Importance of Consumption Alignment, Referent Identity, and Self – esteem", *Journal of Consumer Research*, 2012, 38 (2): 860 – 871.

David A. Norton, et al., "The Devil You (don't) Know: Interpersonal Ambiguity and Inference Making in Competitive Contexts", *Journal of Consumer Research*, 2013, 40 (8): 239 – 254.

David Gefena, Detmar W. Straub, "Consumer Trust in B2C e – Commerce and the Importance of Social Presence: Experiments in e – Products and e – Services", *International Journal of Management Science*, 2004, 32: 407 – 424.

Dittmar, et al., "Materialistic Values, Relative Wealth, and Person Perception: Social Psychological Belief Systems of Adolescents from Different Socio – Economic Backgrounds", in *Meaning, Measure, and Morality of Materialism*, ed. Floyd Rudmin and Marsha Richins, Provo, UT: Association for Consumer Research and School of Business, Queen's University, 1992: 40 – 45.

Moore, D. J., Homer, P. M., "Self – brand Connections: The Role of Attitude Strength and Autobiographical Memory Primes", *Journal of Business Research*, 2008, 61 (7): 707 – 714.

Donna L. Hoffman & Marek Fodor, "Can You Measure the ROI of Your Social Media Marketing?", *Mit Sloan Management Review*, 2010, 52 (1): 41 – 49.

Duhachek, A., et al., "Anticipated Group Interaction: Coping with

Valence Asymmetries in Attitude Shift", *Journal of Consumer Research*, 2007, 34 (3): 395 –405.

Edward C. Malthouse, et al. , "Managing Customer Relationships in the Social Media Era: Introducing the Social CRM House", *Journal of Interactive Marketing*, 2013, 27: 270 – 280.

Eisenbeiss, M. , et al. , "The (Real) World is not Enough: Motivational Drivers and User Behavior in Virtual Worlds", *Journal of Interactive Marketing*, 2012, 26 (1): 4 – 20.

Grubb, E. L. , Hupp, G. , "Perception of Self Generalized Stereotypes and Brand Selection", *Journal of Marketing Research*, 1968, 5 (1): 58 – 63.

Elmira Bogoviyeva, *Brand Development: The Effects of Customer Brand Co – creation on Self – brand Connection*, University of Mississippi, 2009.

Eric B. Nash, Gregory W. Edwards, Jennifer A. Thompson, et al. , "A Review of Presence and Performance in Virtual Environments", *International Journal of Human – computer Interaction*, 2000, 12 (1): 1 –41.

Eric W. T. Ngai, et al. , "Social Media Research: Theories, Constructs, and Conceptual Frameworks", *International Journal of Information Management*, 2015, 35: 33 – 44.

Ernst Mo, "Multisensory Integration: A Late Bloomer", *Current Biology*, 2008, 18 (12): 519 –521.

Erving Goffman, *The Presentation of Self in Everyday Life*, New York: Doubleday, 1959.

Escalas, J. E. , Bettman, J. R. , "Self – construal, Reference Groups, and Brand Meaning", *Journal of Consumer Research*, 2005, 32 (3): 378 –389.

Escalas, J. E. , Bettman, J. R. , "You are What They Eat: The Influence of Reference Groups on Consumers' Connections to Brands", *Journal of Consumer Psychology*, 2003, 13 (3): 339 –348.

Eun – Jung Lee, Jihye Park, "Enhancing Virtual Presence in E – tail:

Dynamics of Cue Multiplicity", *International Journal of Electronic Commerce*, *2014*, *18（4）: 117 – 146.*

Flynn, F. J., "Identity Orientations and Forms of Social Exchange in Organizations", *Academy of Management Review*, 2005, 30（4）: 737 – 750.

Foumier, Susan, "Consumers and Their Brands: Developing Relationship Theory in Consumer Research", *Joumal of Consumer Research*, 1998, 24（3）: 343 – 373.

Frazer J. G., *The New Golden Bough: A Study in Magic and Religion*, *abridged*, T. H. Gaster, ed., New York: Macmillan, 1959.

Gardner, W. L, Martinko, M. J., "Impression Management: An Observational Study Linking Audience Characteristics with Verbal Self – presentations", *Academy of Management Journal*, 1988, 31: 42 – 65.

George Christodoulides, et al., "Memo to Marketers: Quantitative Evidence for Change How User – generated Content Really Affects Brands", *Journal of Advertising Research*, 2012, 52（1）: 53 – 64.

Gershoff, A. D, et al., "Recommendation or Evaluation? Task Sensitivity in Information Source Selection", *Journal of Consumer Research*, 2001, 28（3）: 418 – 438.

Granitz, N. A., Ward, J. C., "Virtual Community: A Sociocognitive Analysis", *Advances in Consumer Research*, 1996, 23（1）: 161 – 166.

Granovetter, M., "The Strength of Weak Ties: A Network Theory Revisited", *Sociological Theory*, 1983, 1（1）: 201 – 233.

Griffit, W., Veitch, R., "Hot and Crowded: Influence of Population Density and Temperature on Interpersonal Affective Behavior", *Journal of Personality and Social Psychology*, 1971, 17（1）: 92 – 98.

Gunawardena, C. N., "Social Presence Theory and Implications for Interaction and Collaborative Learning in Computer Conferences", *International Journal of Educational Telecommunications*, 1995, 1（2/3）: 147 – 166.

Gunawardena, C. N., Zittle F. J., "Social Presence as a Predictor of Satisfaction within a Computer – mediated Conferencing Environment", *The American Journal of Distance Education*, 1997, 11 (3): 8 – 26.

Gunwoo Yoon, Patrick T. Vargas, "Know Thy Avatar: The Unintended Effect of Virtual – self Representation on Behavior", *Psychological Science*, 2014 , 25 (4): 1043 – 1045.

Gwinner, K. , Swanson, S. R. , "A Model of Fan Identification: Antecedents and Sponsorship Outcomes", *Journal of Services Marketing*, 2003, 17 (3): 275 – 294.

Mintzberg, H. , Théorêt, A. , "The Structure of 'Unstructured' Decision Processes", *Administrative Science Quarterly*, 1976, 21 (2): 246 – 275.

Ha, Y. , et al. , "Online Visual Merchandising (VMD) of Apparel Web Sites", *Journal of Fashion Marketing and Management*, 2007, 11 (4) : 477 – 493.

Hameed, Bilal, "Social Media Usage Exploding Amongst Fortune 500 Companies", *Social Times* (accessed January 17, 2012), available at http: //socialtimes. eom/social – media – usageexploding – amongst – fortune – 500 – companies_ b35372, 2011.

Hanna, R. , et al. , "We're All Connected: The Power of the Social Media Ecosystem", *Business Horizons*, 2011, 54 (3): 265 – 273.

Hanpeng Zhang, et al. , "Mood and Social Presence on Consumer Purchase Behaviour in C2C E – commerce in Chinese Culture", *Electronic Markets*, 2012, 22 (3): 143 – 154.

Hassanein, K. , et al. , "A Cross – cultural Comparison of the Impact of Social Presence on Website Trust, Usefulness and Enjoyment", *International Journal of Electronic Business*, 2009, 7 (6): 625 – 641.

Lennon, S. J. , et al. , "Online Visual Merchandising (VMD) of Apparel Web Sites", *Journal of Fashion Marketing and Management*, 2007, 11 (4): 477 – 493.

He, Y. , et al. , "Consumption in the Public Eye: The Influence of

Social Presence on Service Experience", *Journal of Business Research*, 2012, 65 (3): 302 – 310.

Heeter, C., "Being There: The Subjective Experience of Presence", *Presence: T + VE*, 1992, 1: 262 – 271.

Herring, S. C., "A Faceted Classification Scheme for Computer – mediated Discourse", *Language @ Internet*, 4 (1). Retrieved from http://www.languageatinternet.de/articles/2007/761/Faceted_ Classification_ Scheme_ for_ CMD. pdf, 2007.

Holger Ernst, et al., "Customer Relationship Management and Company Performance—the Mediating Role of New Product Performance", *Academy of Marketing Science*, 2011, 39 (2): 290 – 306.

Holzwarth, M., et al., "The Influence of Avatars on Online Consumer Shopping Behavior", *Journal of Marketing*, 2006, 70 (4): 19 – 36.

Hope Jensen Schau, Mary C. Gilly, "We are What We Post? Self – presentation in Personal Web Space", *Journal of Consumer Research*, 2003, 30 (11): 385 – 404.

Hsu Meng – Hsiang, et al., "Understanding Online Shopping Intention: The Roles of Four Types of Trust and Their Antecedents", *Internet Research*, 2014, 24 (3): 332 – 352.

Huguet, P., et al., "Social Presence Effects in the Stroop Task: Further Evidence for an Attentional View of Social Facilitation", *Journal of Personality and Social Psychology*, 1999, 77: 1011 – 1025.

Ijsselsteijn, W. A., et al., "Presence: Concept, Determinants and Measurement", *Proceedings of the SPIE, Human Vision and Electronic Imaging V*, San Jose, CA, 2000 (1).

Berger, J., Heath, C., "Where Consumers Diverge from Others: Identity Signaling and Product Domains", *Journal of Consumer Research*, 2007, 34 (2): 121 – 134.

Platania, J., Moran, G. P., "Social Facilitation as a Function of the Mere Presence of Others", *Journal of Social Psychology*, 2001, 141 (2):

190 – 197.

Jack Yan, "Social Media in Branding: Fulfilling a Need", *Journal of Brand Management*, 2011, 18 (18): 688 – 696.

Jaime Romero de la Fuente, María Jesús Yagüe Guillén, "Identifying the Influence of Product Design and Usage Situation on Consumer Choice", *International Journal of Market Research*, 2005, 47 (6): 667 – 686.

Jean B. Romeo, "An Investigation of Self – Referencing's Influence on Affective Evaluations", *Advances in Consumer Research*, 1992, 19: 290 – 295.

Jennifer J. Argo, et al., "Positive Consumer Contagion: Responses to Attractive Others in a Retail Context", *Journal of Marketing Research*, 2008, 45 (12): 690 – 701.

Jennifer J. Argo, et al., "The Influence of a Mere Social Presence in a Retail Context", *Journal of Consumer Marketing*, 2005, 32 (32): 207 – 212.

Kietzmann, J. H., et al., "Social Media? Get Serious! Understanding the Functional Building Blocks of Social Media", *Business Horizons*, 2011, 54 (3): 241 – 251.

Jihye Park, et al., "On – Line Product Presentation: Effects on Mood, Perceived Risk, and Purchase Intention", *Psychology and Marketing*, 2005, 22 (9): 695 – 719.

J. R. Coyle, et al., " 'I'm Here to Help' How Companies' Microblog Responses to Consumer Problems Influence Brand Perceptions", *Journal of Research in Interactive Marketing*, 2012, 6 (1): 27 – 41.

Julia Valeiras Jurado, M. Noelia Ruiz – Madrid, "A Multimodal Approach to Product Presentations", *Procedia – Social and Behavioral Sciences*, 2015, 173: 252 – 258.

Jungioo Jahng, *Successful Design of Electronic Commerce Environments: The Role of Sense of Presence on User Behavior*, University of Wisconsin – Milaukee, 2000.

Jungjoo Jahng, et al. , "The Impact of Electronic Commerce Environment on User Behavior", *E – Service Journal*, 2000: 41 – 53.

Jungjoo Jahng, et al. , "An Empirical Study of the Impact of Product Characteristics and Electronic Commerce Interface Richness on Consumer Attitude and Purchase Intentions", *Systems and Humans*, 2006, 36 (6): 1185 – 1201.

Debevec, K. , Romeo, J. B. , "Self – Referent Processing in Perceptions of Verbal and Visual Commercial Information", *Journal of Consumer Psychology*, 1992, 1 (1): 83 – 102.

Kane, H. S. , et al. , "Mere Presence is not Enough: Responsive Support in a Virtual World", *Journal of Experimental Social Psychology*, 2012, 48 (1): 37 – 44.

Kaplan, A. M. , Haenlein, M. , "Users of the World, Unite! the Challenges and Opportunities of Social Media", *Business Horizons*, 2010, 53 (1): 59 – 68.

Karel Kreijns, et al. , "Community of Inquiry: Social Presence Revisited", *E – Learning and Digital Media*, 2014, 11 (1): 5 – 18.

Karen D. King, *Comparison of Social Presence in Voice – based and Text – based Asynchronous Computer Conferencing*, Nova Southeastern University, 2008.

Karl Horvath, Matthew Lombard, "Social and Spatial Presence: an Application to Optimize Human – computer Interaction", *Psychnology Journal*, 2010, 8 (1) : 85 – 114.

Katja Hutter and Julia Hautz, "The Impact of User Interactions in Social Media on Brand Awareness and Purchase Intention: the Case of MINI on Facebook", *Journal of Product and Brand Management*, 2013, 22 (5 – 6): 342 – 351.

Katrina Fong , Raymond A. Mar, "What does my Avatar Say about Me? Inferring Personality from Avatars", *Personality and Social Psychology Bulletin*, 2015, 41 (2): 237 – 249.

Kernis, M. H. , "Toward a Conceptualization of Optimal Self – esteem", *Psychological Inquiry*, 2003, 14: 1 – 26.

Kim Namin Lee, Moonkyu, "Other Customers in a Service Encounter: Examining the Effect in a Restaurant Setting", *Journal of Services Marketing*, 2012, 26 (1): 27 – 40.

Kimberlym Judson, et al. , "Self – Perceived Brand Relevance of and Satisfaction with Social Media", *Marketing Management Journal* , 2012, 22 (2): 131 – 144.

Ki – Soo, S. , Eun, Y. L. , "The Role of Virtual Experience in Consumer Learning: An Experimental Investigation", *MIS Quartly*, 2005, 29 (4): 115 – 143.

Kleine Susan Schultz, et al. , "How is a Possession "Me" or "Not Me"? Characterizing Types of Possession Attachments", *Joumal of Consumer Research*, 1995, 22 (11): 327 – 343.

Kozinets, Robert V. , "E – tribes and Marketing: Virtual Communities of Consumption and Their Strategic Marketing Implications", *European Joumal of Management*, 1999, 17 (3): 252 – 264.

Kozinets, Robert V. , "Can Consumers Escape the Market? Emancipatory Illuminations from Burning Man", *Journal of Consumer Research*, 2002, 29 (6): 20 – 38.

Kwahk, K. , Ge, X. , "The Effects of Social Media on E – commerce: A Perspective of Social Impact Theory", *System Science (HICSS)*, 45th Hawaii International Conference, 2012: 1814 – 1823.

Lascu, D. , Zinkhan, G. , "Consumer Conformity: Review and Applications for Marketing Theory and Practice", *Journal of Marketing Theory and Practice*, 1999, 7 (3): 1 – 12.

Lawrence A. Crosby, et al. , "Relationship Quality in Services Selling: an Interpersonal Influence Perspective", *Journal of Marketing*, 1990, 54 (7): 68 – 81.

Leary, M. R. , et al. , "Self – presentation in Everyday Interactions:

Effects of Target Familiarity and Gender Composition", *Journal of Personality and Social Psychology*, 1994, 67: 664 – 673.

Lee, E., Nass, C., "Experimental Tests of Normative Group Influence and Representation Effects in Computer – Mediated Communication", *Human Communication Research*, 2002, 28 (3): 349 – 381.

Liad Uziel, "Life Seems Different with You Around: Differential Shifts in Cognitive Appraisal in the Mmere Presence of Others for Neuroticism and Impression Management", *Personality & Individual Differences*, 2015, 73 (1): 39 – 43.

Lisa R, Klein, "Creating Virtual Product Experiences: the Role of Telepresence", *Journal of Interactive Marketing*, 2003, 17 (1): 41 – 55.

Lisette De Vries, et al., "Popularity of Brand Posts on Brand fan Pages: an Investigation of the Effects of Social Media Marketing", *Journal of Interactive Marketing*, 2012, 26 (2): 83 – 91.

Lombard, M., Ditton, T., "At the Heart of It All: The Concept of Presence", *Journal of Computer – Mediated Communication*, Retrieved from http://jcmc. indiana. edu/vol3/issue2/lombard. html, 1997.

Madden, M., Lenhart, A., "Online Dating. Retrieved from Pew Internet & American Life Project", http://www. pewInternet. org/pdfs/PIP_ Online_ Dating. pdf.

Manfred Bruhn, et al., "Are Social Media Replacing Traditional Media in Terms of Brand Equity Creation?", *Management Research Review*, 2006, 35 (9): 770 – 790.

Ernst, M. O., "Multisensory Integration: A Late Bloomer", *Current Biology*, 2008, 18 (12): 519 – 521.

Margareta S. Moczynski, *A Study of Media Richness Theory, and the Impact of Message Valence on Media Choice of Managers of the Commander*, Capella University, 2010.

Marla Royne Stafford, et al., "A Contingency Approach: the Effects of Spokesperson Type and Service Type on Service Advertising Percep-

tions", *Journal of Advertising*, 2002, 31 (2): 17 – 34.

Martin Tanis, Tom Postmes, "A Social Identity Approach to Trust: Interpersonal Perception, Group Membership and Trusting Behavior", *European Journal of Social Psychology*, 2005, 35 (3): 413 – 424.

Mauss, Marcel, *A General Theory of Magic*, R. Brain, trans., New York: Norton, 1972.

McAlexander, J. H., et al., "Building Brand Community", *Journal of Marketing*, 2002, 66 (1): 38 – 54.

McCracken, Grant, *Culture and Consumption*, Bloomington: Indiana University Press, 1988.

Mead, G. H., Moris, C. W., *Mind, Self, and Society*, Chicago: University of Chicago Press, 1934.

Mehrabian, A., *Nonverbal Communication*, Chicago: Aldine Atherton, 1972.

Michael K. Behan, *Efficacy of Social Media in Participant Perception of Brand in Small to Medium Size Enterprises*, Capella University, 2013.

Michaela Geierhos, "Customer interaction 2. 0: Adopting Social Media as Customer Service Channel", *Journal of Advances in Information Technology*, 2011, 2 (4): 222 – 233.

Michel Laroche, et al., "To be or not to be in Social Media: How Brand Loyalty is Affected by Social Media?", *International Journal of Information Management*, 2013, 33 (1): 76 – 82.

Michel Laroche, et al., "The Effects of Social Media Based Brand Communities on Brand Community Markers, Value Creation Practices, Brand Trust and Brand Loyalty", *Computers in Human Behavior*, 2012, 28 (5): 1755 – 1767.

M. J. Sirgy, "Self – Concept in Consumer Behavior: A Critical Review", *Journal of Consumer Research*, 1982, 9 (3): 287 – 300.

Monica Ann Riordan, *The Use of Verbal and Nonverbal Cues in Computer – mediated Communication: When and Why?*, The University of Memphis, 2011.

Mooy S. C. , et al. , "Managing Consumers' Product Evaluations Through Direct Product Experience", *Journal of Product and Brand Management*, 2002, 11: 432 – 446.

Morales Andrea C. and Gavan J. "Product Contagion: Changing Consumer Evaluations through Physical Contact with 'Disgusting' Products", *Journal of Marketing Research*, 2007, 44 (5): 272 – 83.

M. R. Habibi, et al. , "The Roles of Brand Community and Community Engagement in Building Brand Trust on Social Media", *Computers in Human Behavior*, 2014, 37 (37): 152 – 161.

Muniz, Jr, A. M. , O'Guinn, T. C. , "Brand Community", *Journal of Consumer Research* , 2001, 27 (4): 412 – 432.

Cottrell, N. B. , et al. , "Social Facilitation of Dominant Responses by the Presence of an Audience and the Mere Presence of Others", *Journal of Personality and Social Psychology*, 1968, 9 (3): 245 – 250.

Nemeroff, Carol J . , "Magical Thinking about Illness Virulence: Conceptions of Germs from 'Safe' Versus 'Dangerous' Others", *Health Psychology*, 1995, 14 (2): 147 – 51.

Nevena T. Koukova, et al. , "Multiformat Digital Products: How Design Attributes Interact with Usage Situations to Determine Choice", *Journal of Marketing Research*, 2012, 49 (2): 100 – 114.

Newman, Andrew Adam, "Brands Now Direct Their Followers to Social Media", *The New York Times* , 2011, (August 4), B3.

Nina Michaelidou, et al. , "Usage, Barriers and Measurement of Social Media Marketing: An Exploratory Investigation of Small and Medium B2B Brands", *Industrial Marketing Management*, 2011, 40 (7) : 1153 – 1159.

Palmer, M. "Interpersonal Communication and Virtual Reality: Mediating Interpersonal Relationships", In F. Biocca & M. Levy (eds.), *Communication in the Age of Virtual Reality*, Mahwah, NJ: Lawrence Erlbaum

Associates, 1995: 277 – 299.

Philippe Aurier, D Lanauze. G. S. D, "Impacts of Perceived Brand Relationship Orientation on Attitudinal Loyalty", *European Journal of Marketing*, 2012, 46 (12): 1602 – 1627.

Rabindra A. Ratan, Michael Dawson, "When Mii is Me: A Psychophysiological Examination of Avatar Self – relevance", *Communication Research*, 2016, 43 (8): 1065 – 1093.

Rabindra Ayyan Ratan, *Self – Presence: Body, Emotion, and Identity Extension into the Virtual Self*, University of Southern California, 2011.

Rebecca Walker Naylor, et al., "Seeing Ourselves in Others: Reviewer Ambiguity, Egocentric Anchoring, and Persuasion", *Journal of Marketing Research*, 2011, 48 (6): 617 – 631.

Rebecca Walker Naylor, et al., "Beyond the 'Like' Button: The Impact of Mere Virtual Presence on Brand Evaluations and Purchase Intentions in Social Media Settings", *Journal of Marketing*, 2012, 76 (11): 105 – 120.

Richard L. Daft, Robert H. Lengel, "Organizational Information Requirements, Media Richness and Structural Design", *Management Science*, 1986, 32 (5): 554 – 571.

Richardson, J. C., Swan, K., "Examining Social Presence in Online Courses in Relation to Students' Perceived Iearning and Satisfaction", *Journal of Asynchronous Learning Networks*, 2003, 7 (1): 68 – 88.

Ritson, Mark, "Reframing Ikea: Commodity – Signs, Consumer Creativity, and the Social/Self Dialectic", in *Advances in Consumer Research*, ed. Kim Corfman and John Lynch, Vol. 23, Provo, UT: Association for Consumer Research, 1996: 127 – 131.

R. L. Daft, N. B. Macintosh, "A Tentative Exploration into the Amount and Equivocality of Information Processing in Organizational Work Units", *Administrative Science Quarterly*, 1981, 26 (2): 207 – 224.

Robert H. Lengel, Richard L. Daft., "The Selection of Communication

Media as an Executive Skill", *The Acadomy of Management Executive*, 1988, 2 (3): 225 –232.

Robert V. Kozinets, et al., "Networked Narratives: Understanding Word – of – mouth Marketing in Online Communities", *Journal of Marketing*, 2010, 74 (3): 71 –89.

Rozin , Maureen Markwith, et al., "Sensitivity to Indirect Contacts with Other Persons: AIDS Aversion as a Composite of Aversion to Strangers, Infection, Moral Taint, and Misfortune", *Journal of Abnormal Psychology*, 1994, 103 (3): 495 –504.

Rozin and Carol Nemeroff, "The Laws of Sympathetic Magic: A Psychological Analysis of Similarity and Contagion", James E. Stigler, et al. eds., *Cultural Psychology: Essays on Comparative Human Development*, New York: Cambridge University Press, 1990, 205 –232.

Russ, G. S., et al., "Media Selection and Managerial Characteristics in Organizational Communication", *Management Communication Quarterly*, 1990, 4 (2): 151 –175.

Schau, H. J., et al., "How Brand Community Practices Create Value", *Journal of Marketing* , 2009, 73 (5): 30 –51.

Schlenker, B. R., "Identities, Identifications, and Relationships", in *Communication, Intimacy, and Close Relationships*, V. Derlega (ed.), New York: Academic Press, 1984: 71 –104.

Schlenker, Barry R., "Self – Presentation: Managing Impression of Consistency When Reality Interferes with Self Enhancemen", *Journal of Personality and Social Psychology*, 1975, 32: 1030 –1037.

Schlenker, Barry R., *Impression Management: The Self – Concept, Social Identity, and Interpersonal Relationships*, Monterey, CA: Brooks/Cole, 1980.

Schneider, David J., "Tactical Self – Representations: Toward a Broader Conception", *Impression Management Theory and Social Psychological Research*, ed. James T. Tedeschi, New York: Academic Press, 1981: 23 –40.

Schultz, Susan E., et al., "These are a Few of My Favorite Things: Toward an Explication of Attachment as a Consumer Behavior Construct", in *Advances to Consumer Research*, ed. Thomas Srull, Provo, UT: Association for Consumer Research, 1989, 16: 359 – 366.

Short, J., et al., *The Social Psychology of Telecommunications*, London: John Wiley & Sons, 1976.

Soderlund, M., "Other Customers in the Retail Environment and Their Impact on the Customer's Evaluations of the Retailer", *Journal of Retailing and Consumer Services*, 2011, 18 (3): 174 – 182.

Solomon, Michael R., "The Role of Products as Social Stimuli: A Symbolic Interactionism Perspective", *Journal of Consumer Research*, 1983, 10 (12): 319 – 329.

Solomon, Michael R., Basil G. Englis, "Consumption Constellations: Implications for Integrated Communication Strategies", in *Integrated Marketing Communications*, ed. Jeri Moore and Esther Thorson, Hillsdale, NJ: Lawrence Erlbaum, 1992: 65 – 86.

Sou – Chin, Wu, WenChang Fang, "The Effect of Consumer – to – consumer Interactions on Idea Generation in Virtual Brand Community Relationships", *Technovation*, 2010, 30 (11 – 12): 570 – 581.

Soussignan, R., Schaal, B., "Children's Facial Responsiveness to Odors: In uences of Hedonic Valence of Odor, Gender, Age and Social Presence", *Developmental Psychology*, 1996, 32: 367 – 379.

Stephen, A. T., Toubia, O., "Deriving Value from Social Commerce Networks", *Journal of Marketing Research*, 2010, 47 (2): 215 – 228.

Stephen, Andrew T. and Jeff Galak, "The Effects of Traditional and Social Earned Media on Sales: A Study of a Microlending Marketplace", *Journai of Marketing Research*, 2012, 49 (8): 624 – 639.

Steuer, J., "Defining Virtual Reality: Dimensions Determining Telepresence", *Journal of Communication*, 1992, 42 (4): 73 – 93.

Sun Joo Ahn, Jeremy N, Bailenson, "Self – endorsing Versus Other –

Endorsing in Virtual Environments: The Effect on Brand Attitude and Purchase Intention", *Journal of Advertising*, 2011, 40 (2): 93 – 106.

Susan Fournier, "Consumers and Their Brands: Developing Relationship Theory", *Journal of Consumer Research*, 1998, 24 (4): 343 – 373.

Swan, K., Shih, L. F., "On the Nature and Development of Social Presence in Online Course Discussions", *Journal of Asynchronous Learning Networks*, 2005, 9 (3): 115 – 136.

Szymanski, D. M., Hise, R. T. "E – satisfaction: An Initial Examination", *Journal of Retailing*, 2000, 76: 309 – 322.

Tarnovan Anabella Maria, "The Social Capital of Brand Communities", *Proceedings of the European Conference on Management, Leadership & Governance*, 2011: 402 – 409.

Terry Daugherty, et al., "Consumer Learning and the Effects of Virtual Experience Relative to Indirect and Direct Product Experience", *Psychology and Marketing*, 2008, 25 (7): 568 – 586.

Thomas, S. L., et al., "Social Facilitation and Impression Formation", *Basic and Applied Social Psychology*, 2002, 24 (1): 67 – 70.

Thompson, Craig J. and Elizabeth Hirschman, "Understanding the Socialized Body: A Poststmcturalist Analysis of Consumers' Self – Conceptions, Body Images, and Self – Care Products", *Journal of Consumer Research*, 1995, 22 (9): 139 – 164.

Tice, D. M., et al., "When Modesty Prevails: Differential Favorability of Self – presentation to Friends and Strangers", *Journal of Personality and Social Psychology*, 1995, 69: 1120 – 1138.

Tilottama Ghosh Chowdhury, et al., "Accentuate the Positive: How Identity Affects Customer Satisfaction", *Journal of Consumer Marketing*, 2014, 31 (5): 371 – 379.

Tonjia Simmone Coverdale, *The Influence of Social Presence on E – loyalty in Women Online Shoppers: An Application of the Social Identity Approach to Website Design*, Morgan State University, 2010.

Tracy, R., et al., "When Multiple Identities Compete: The Role of Centrality in Self – brand Connections", *Journal of Consumer Behaviour*, 2013, 12: 483 – 495.

Tu, C. H., "On – line Learning Migration: From Social Learning Theory to Social Presence Theory in a CMC Environment", *Journal of Network and Computer Applications*, 2000, 2: 27 – 37.

Tu, C. H., "The Impacts of Text – based CMC on Online Social Presence", *The Journal of Interactive Online Learning*, 1 (2), Retrieved from http: //www. ncolr. org/jiol/issues/PDF/1. 2. 6. pdf, 2002a.

Tu, C. H., "The Measurement of Social Presence in an Online Learning Environment", *International Journal on E – Learning*, 2002b, 1 (2): 34 – 45.

Tu, C. H., McIsaac, M., "The Relationship of Social Presence and Interaction in Online Classes", *The American Journal of Distance Education*, 2002, 16 (3): 131 – 150.

Turkle Sherry, "Life on the Screen: Identity in the Age of the Internet", Science, 1997, 23 (2): 123 – 149.

Tylor Edward Burnett, *Primitive Culture: Researches into the Development of Mythology, Philosophy, Religion, Art, and Custom*, New York: Gordon Press, 1974.

Vivekananda Madupu, *Online Brand Community Participation: Antecedents and Consequences*, The University of Memphis, 2006.

Walker Brian K. *Bridging the Distance: How Social Interaction, Presence, Social Presence, and Sense of Community Influence Student Learning Experiences in an Online Virtual Environment*, The University of North Carolina at Greensboro, 2007.

Walker Naylor, Rebecca, "Nonverbal Cues – based First Impressions: Impression Formation Through Exposure to Static Images", *Marketing Letters*, 2007, 18 (3): 165 – 179.

Walther, J., "Interpersonal Effects in Computer – mediated Interaction:

A Relational Perspective", *Communication Research*, 1992, 19: 52 – 90.

Walther, J. B., et al., "Interpersonal Effects in Computer – mediated Interaction: A Meta – analysis of Social and Antisocial Communication", *Communication Research*, 1994, 21 (4): 460 – 487.

Walther J. B., "Computer – mediated Communication: Impersonal, Interpersonal, and Hyperpersonal Interaction", *Communication Research*, 1996, 23 (1): 3 – 43.

Weiss Michael J., "Online America", *American Demographics*, 2001 23 (3): 53 – 60.

Wen – Chin Tsao, Ya – Ling Tseng, "The Impact of Electronic – service Quality on Online Shopping Behaviour", *Total Quality Management*, 2011, 22 (9): 1007 – 1024.

White Katherine and Daren W. Dahl, "Are All Out – Groups Created Equal? Consumer Identity and Dissociative Influence", *Journal of Consumer Research*, 2006, 34 (4): 525 – 536.

White Katherine and Daren W. Dahl, "To Be or Not Be? The Influence of Dissociative Reference Groups on Consumer Preferences", *Journal of Consumer Psychology*, 2006, 16 (4): 404 – 414.

Wiley Norbert, *The Semiotic Self*, Chicago: University of Chicago Press, 1994.

William Carroll Martin, *Investigating the Antecedents and Consequences of Perceived Connectedness to Brand Users: Brand Communities Versus Brand Collectivities*, Mississippi State University, 2009.

Williams, Simon J. and Gillian Bendelow, *The Lived Body: Sociological Themes and Embodied Issues*, New York: Routledge, 1998.

Yaobin Lu, et al., "From Virtual Community Members to C2C E – commerce Buyers: Trust in Virtual Communities and Its Effect on Consumers' Purchase Intention", *Electronic Commerce Research and Applications*, 2010, 9 (4): 346 – 360.

Yujie Wei, Chunling Yu, "How do Reference Groups Influence Self –

brand Connections among Chinese Consumers?", *Journal of Advertising*, 2012, 41 (2): 39 – 53.

Zajonc, R. B., "Social Facilitation", *Science*, 1965, 149 (3681): 269 – 274.

后　记

　　本书是以自己的博士学位论文为起点，在主持国家自然科学基金项目的基础上，进一步深化完善形成的。回首博士求学之路，有同窗相聚时的惬意和欢乐，有论文写作时的痛苦和孤独，历经无数次柳暗与花明，体味千百次彷徨和喜悦。往事一幕幕，在此感谢所有关心和支持我的老师、同学、同事、亲人和朋友。

　　我要感谢导师宁昌会教授。宁老师将资质平平的我引进博士学习和科学研究的大门，让我有机会感受和学习他的学识和风范。宁老师学识渊博、治学严谨、坦率豁达、风趣幽默，这些年的耳濡目染，让我收获了人生最宝贵的一笔财富。博士论文从文献阅读到选题和研究框架的确定，从撰写修改到最终成稿，每一步都倾注着导师的智慧和心血。选题很关键，也很漫长。在选题被多次否定之后，宁老师都给予我耐心的指点与鼓励，让自己每次都有新进步。宁老师那用红笔写在 A4 纸上满满一页的选题意见和建议，至今仍让我记忆犹新，每每想到、看到时，心中的感动和感激就油然而生。每次促膝谈心，我都能从恩师的真知灼见和豁达中获取人生新知，感受智慧和力量。"师生关系是一辈子的，无法抹去"，在宁老师的鼓励和指导下，我逐步攻克了外文文献阅读、模型构建、实证检验等一个个难关，领悟了规范、科学的研究方法。我必将谨记导师的恩情和教诲，更好地投入自己以后的工作中。

　　我要感谢中南财经政法大学工商管理学院的老师，特别是张新国教授、汤定娜教授、费显政教授，他们不仅为我们精心讲授博士课程，还在我论文开题、写作和预答辩中给予悉心指导，让我在学术研究上获得宝贵的教诲和启发。感谢熊胜绪教授、郭跃进教授、胡川教

226

授、赵琛徽教授、金明伟教授、刘德光教授等，他们讲授的博士生课程内容丰富而精彩。感谢营销管理系的杜鹏老师、王新刚老师、孙洪庆老师，在他们为硕士研究生授课时，我不时去蹭课，从中学到了很多。还要衷心感谢武汉大学经济与管理学院黄敏学教授，我在参加湖北省市场营销学会 2016 年学术年会报告会议论文时，他作为点评嘉宾给我提供了非常宝贵的建议。

我要感谢工作单位上的领导和同事。"有时很无助，但应享受这份苦恼和孤独。"感谢经济与管理学院的谭世明教授、朱廷辉教授、谭宇教授，在我博士求学期间给我鼓励、帮助和支持。感谢学报编辑部同仁，特别是在刘伦文教授的支持下，我得以去中山大学做为期一年的访问学者，才能集中精力完成此书稿。

我要感谢读博期间的同窗好友和同门师兄妹，他们是同门的禹跃军、李祖兰、薛哲、胡常春、幸佳、奚楠楠和陈宁；还有同窗杨瑞、李社球、肇丹丹、黄晓冰等。我们经常在一起畅谈人生，讨论学术，大家相互关照，彼此激励，留下无数难忘的瞬间。

我要感谢家人。从博士求学到毕业，再到主持国家自然科学基金项目，整整十年。感谢妻子姜爱对家庭的奉献和支持，正是她默默的付出，我才有信心和精力克服一道道难关。感谢女儿恬恬，她聪明、可爱、好学，给一家人带来了无数欢乐和幸福时光。感谢哥哥、姐姐、妹妹，一直以来四兄弟姐妹都相互鼓励和帮助，这份亲情让我获得无穷无尽的力量。感谢远在天堂的母亲，她那睿智、慈爱的形象一直激励着我不断前进！祝愿父亲健康长寿！

特别感谢国家自然科学基金委对本书的资助。同时，中国社会科学出版社的刘晓红老师在本书出版过程中付出了许多艰辛劳动，她的悉心审阅和仔细校对给本书增色不少，谨表真切谢意。

由于个人研究水平有限，本书中难免有疏漏和不当之处，敬请各位同仁批评指正！

李永诚
2021 年 10 月于湖北民族大学